KB262566

정말북

1945
MYM
문예림

초판 1쇄 인쇄 2007년 2월 15일 / 초판 1쇄 발행 2007년 2월 20일
편저 신혜원 / 발행인 서덕일 / 발행처 도서출판 문예림
출판등록 1962년 7월 12일 제 2-110호
주소 : 서울 광진구 군자동 1-13호 문예하우스 101호
전화 : 02-499-1281~2 / 팩스 : 02-499-1283
http://www.bookmoon.co.kr / E-mail:my1281@lycos.co.kr
ISBN 89-7482-301-2(13720)

· 잘못된 책은 구입하신 서점에서 교환하여 드립니다.

아시아의 거대한 용(龍)으로 불리는 중국! 드넓은 대지에 풍부한 인적자원을 자랑하는 중국은 그 잠재력만으로도 세계인의 관심과 이목을 끌기에 충분하다고 봅니다. 높은 경제성장률을 보이며 빠르게 급부상하고 있는 중국은 이미 우리나라의 명실상부한 최대 무역국이 되었습니다. 최근 중국에 대한 관심이 고조되면서 중국어를 배우고자 하는 사람들이 눈에 띄게 늘었고, 그와 관련된 교재도 쏟아져 나오고 있습니다. 그러나 중국어를 처음 배우거나 익숙지 않은 사람들이 보기에는 너무나 진부하고 어려운 교재들이 많은 게 사실입니다. 필자는 좀 더 많은 사람들이 보다 쉽고 재미있게 중국어를 익힐 수 있게 되기를 바라는 마음에 이 책을 구성하게 되었습니다.

이 책은 첫째, 일상 생활에서 꼭 필요한 표현을 주제별로 나누어 상황 설명과 함께 담았습니다. 둘째, 초보자도 한눈에 파악할 수 있도록 카드 형식으로 구성하여 들고 다니면서 간편하게 볼 수 있도록 했습니다. 셋째, 중국어를 처음 접하는 사람들을 위해 한어병음과 함께 최대한 원어에 가까운 한글 표기를 덧붙였습니다. 넷째, 각 장마다 좀 더 이해를 돕기 위해 중국어 학습법, 발음체계, 지명, 관련단어 등 중국어 TIP을 보충하여 넣었습니다.

아무쪼록 이 책을 손에 넣으신 모든 분들이 보다 쉽고 흥미롭게 중국어를 익혀 중국인과 마주쳤을 때도 부담 없이 잘 활용할 수 있게 되기를 바랍니다.

저자 신혜원

차례

1. 중국어 배워보기 ① ·················6

   _ 들어가기

   중국어 TIP(중국어 학습은 이렇게!) ···22

2. 중국어 배워보기 ② ·················24

   _ 인사하기

   중국어 TIP(중국어 발음하기) ··············40

3. 나도 한다! 중국어 행복 표현 ① ······44

   중국어 TIP(컴퓨터와 친해지기) ···········56

4. 나도 한다! 중국어 행복 표현 ② ······62

   중국어 TIP(중국어 노래 배워보기) ······80

5. 중국어 배워보기 ③ ·················82

_ 음식 즐기기

중국어 TIP(음식 관련단어) ·················102

6. 중국어 배워보기 ④ ·················106

_ 여가 즐기기

중국어 TIP(영화 관련단어) ·················120

7. 중국어 배워보기 ⑤ ·················122

_ 여행 즐기기

중국어 TIP(중국 지명) ·················136

8. 용기! 중국어 표현 ③ ·················138

중국어 TIP(중국어 속담) ·················150

_ 기초 단어장 ·················152

1. 중국어 배워보기 ①
_ 들어가기

외국어를 학습하는 데 있어 가장 좋은 방법은 그 언어환경에 완전히 젖어드는 것이지요. 중국어도 마찬가지입니다. 물론 가장 좋은 방법은 중국에서 중국인들과 한데 어울려 생활하며 직접 체험해 보는 것이지요. 그만큼 습관화하여 매일 접하는 게 가장 중요하답니다. 환경은 만들어 가기 나름이지요. 매일 한 단어씩이라도 반복해서 보고 들으며 따라해 보세요. 금방 중국어가 친숙하게 느껴질 거예요.

○ 1인칭, 자기 자신을 칭할 때

나

○ 바로 앞에서 상대방과 대화를 나누고 있을 때

너/당신

○ 제 삼자를 가리킬 때

그/그녀/그것

wǒ

我

워

일반적으로 '나' 자신을 칭하는 말로, 복수는 们(men; 먼)을 붙이면 됩니다.
나를 포함한 '우리'는 '我们(wǒmen; 워먼)' 이라고 하면 되는 것이지요.

nǐ   nín

你 / 您

니   닌

상대방을 칭하는 말로, 윗사람이나 처음 보는 사람에게는 높임말로 您이라
고 해야 합니다. 복수로 '당신들'은 '您们(nínmen; 닌먼)' 이라고 하면 되지
요.

tā   tā   tā

他 / 她 / 它

타   타   타

제 삼자가 남자일 때는 '他', 여자일 때는 '她', 사물일 때는 '它'라고 합
니다. 복수는 마찬가지로 뒤에 '们'을 붙이면 됩니다.

여러 사람 앞에서 이야기할 때

여러분

영어로 this

이것

영어로 that

저것

dàjiā

大家

따지아

'여러분! 안녕하십니까?'는 '大家好!(Dàjiā hǎo; 따지아 하오)'라고 하면 됩니다. 여러 사람 앞에 섰을 때 가장 먼저 쓰는 유용한 표현이지요. 친한 친구가 지나갈 때는 '你好(Nǐ hǎo; 니 하오)'라고 하면 됩니다.

zhè ge

这个

쩌 거

가까운 사물을 지칭할 때 많이 쓰는 표현으로, 발음할 때 '쩌거' 또는 '쩨이거'라고 합니다. '이 사람'은 '这个人(zhè ge rén; 쩌 거 런)', 이 물건은 '这个东西(zhè ge dōngxi; 쩌 거 똥시)'라고 하면 되지요.

nà ge

那个

나 거

멀리 떨어져 있는 사물을 지칭할 때는 那个라고 합니다. 발음할 때는 '나거' 또는 '네이거' 모두 가능합니다. '그 학생'은 '那个学生(nà ge xuésheng; 나 거 쉐셩)', '그 책'은 '那本书(nà běn shū; 나 번 슈)'라고 하면 되지요.

영어로 here
여기

영어로 there
저기

육하원칙, who
누가

zhèlǐ　　zhèr
这里 / 这儿
쩌리　　　쩔

'여기, 이곳'을 가리킬 때는 这里 혹은 这儿이라고 합니다. 베이징에서는 단어 뒤에 '儿(er; 얼)'을 많이 붙여 씁니다. 친구에게 손 흔들며 '나 여기 있어!'라고 할 때는 '我在这儿!(Wǒ zài zhèr; 워 짜이 쩔)'이라고 하면 되지요.

nàli　　nàr
那里 / 那儿
나리　　　날

'휴대폰 어디에 두었지?' 하며 두리번거리다 찾았을 때 대답으로 '저기 있다.'는 '在那儿。(Zài nàr; 짜이 날)'이라고 하면 됩니다.

shéi
谁
쉐이

친구가 근거 없는 말을 듣고 와서는 우기네요. 이때, '누가 그래?'라는 표현으로 '谁说的?(Shéi shuō de; 쉐이 쉬 더)'하고 합니다. '说(shuō; 쉬)'는 '말하다'는 뜻.

육하원칙, when

언제

육하원칙, what

무엇

육하원칙, where

어디서

shénme shíhou
什么时候
선머 스허우

친구가 결혼한다고 전화가 왔네요. '언제 결혼하는데?'라고 물을 때는 '你 什么时候结婚?(Nǐ shénme shíhou jiéhūn; 니 선머 스허우 지에훈)'이라고 합 니다. '结婚(jiéhūn; 지에훈)'은 한자어 그대로 '결혼하다'는 뜻입니다.

shénme
什么
선머

'이건 뭐예요?'라고 묻고 싶을 때는 '这是什么?(Zhè shì shénme; 쩌 스 선 머)'라고 합니다.

nǎli   nǎr
哪里 / 哪儿
나리   날

아무리 기다려도 친구가 오질 않네요. 이때 전화를 걸어 봅니다. '너 어디 야?'라는 표현으로 '你在哪儿?(Nǐ zài nǎr; 니 짜이 날)'이라고 합니다.

○ 육하원칙, how

어떻게

○ 육아원칙, why

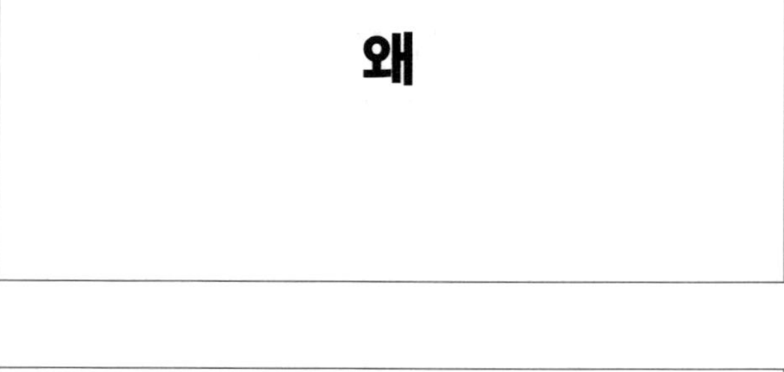

왜

○ Yes! Yes! Yes!

예.

zěnme
怎么
쩐머

怎么는 방법을 물을 때 많이 쓰는 표현이지요. '이건 어떻게 만든 거예요?'
라는 표현으로는 '这是怎么做的?(Zhè shì zěnme zuò de; 쩌 스 쩐머 쭤 더)'
라고 하지요. '做(zuò; 쭤)'는 '하다. 만들다'는 뜻.

wèishénme
为什么
웨이선머

미술관에 들어가려는데 음식물 반입이 안된다고 하네요. '왜요?'라고 묻고
싶을 때는 '为什么?'라고 합니다.

shì
是。
스

가장 일반적으로 '그렇습니다. ~입니다'라는 표현으로 많이 씁니다. '나는
학생입니다.'라고 한다면 '我是学生。(Wǒ shì xuésheng; 워 스 쉐셩)'이라고
하지요.

○ No! No! No!

아니오.

○ 누군가 '여동생 있나요?' 라고 물어볼 때

있어요.

○ 누군가 따라오며 남자친구 있냐고 물어보네요. 이때 대답으로

없어요.

búshì

不是。

부스

'是'의 부정형으로, '아닙니다. ~하지 않습니다'라고 할 때는 동사 앞에 '不'를 써서 부정합니다.

yǒu

有。

요

존재의 유무를 나타낼 때 많이 쓰는 표현입니다. '휴대폰 있나요?'라고 물었을 때, 있으면 '有'라고 하면 됩니다.

méiyǒu

没有。

메이요

'有'를 부정할 때는 '没有'를 씁니다. 친구가 '사전 있니?'라고 물었을 때, 없으면 '没有'라고 하면 되지요.

過去之事

어제

現在之事

오늘

未來之事

내일

zuótiān

昨天

쭤티엔

친구가 영화 예매했냐고 물을 때, '어제 예매해놨어.'라는 표현으로 '昨天预定好了。(Zuótiān yùdìng hǎo le; 쭤티엔 위띵 하오 러)'라고 합니다. '预定(yùdìng; 위띵)'은 '예약하다'는 뜻. '그저께'는 '前天(qiántiān; 치엔티엔)', '그 그저께'는 '大前天(dàqiántiān; 따치엔티엔)', '지난 달'은 '上个月(shàng ge yuè; 샹 거 웨)', '작년'은 '去年(qùnián; 취니엔)'이라고 합니다.

jīntiān

今天

진티엔

'오늘 날씨 어때요?'라는 표현으로는 '今天天气怎么样?(Jīntiān tiānqì zěnmeyàng; 진티엔 티엔치 쩐머양)'이라고 합니다. '天气(tiānqì; 티엔치)'는 '날씨'라는 뜻. '怎么样?(zěnmeyàng; 쩐머양)'은 '어떻습니까?'라는 표현으로 상대방의 의사를 물어볼 때 많이 씁니다. '이번 달'은 '这个月(zhè ge yuè; 쩌 거 웨)', '올해'는 '今年(jīnnián; 진니엔)'이라고 합니다.

míngtiān

明天

밍티엔

중국에 언제 가냐고 물을 때, '내일 가요.'는 '明天去。(Míngtiān qù; 밍티엔 취)'라고 합니다. '去(qù; 취)'는 '가다'라는 뜻. '모레'는 '后天(hòutiān; 허우티엔)', '내일 모레'는 '大后天(dàhòutiān; 따허우티엔)', '다음 달'은 '下个月(xià ge yuè)', '내년'은 '明年(míngnián; 밍니엔)'이라고 합니다.

중국어 TIP

1. 많이 듣고, 많이 읽고, 많이 따라하기!

외국어를 재미있게 학습하는 가장 좋은 방법은 그 뜻을 따지기 전에 무조건 많이 듣고, 소리내어 읽어 보고, 따라하는 것입니다. 가장 원론적이지만 가장 중요한 비결이지요. 하나하나 입에 붙다 보면 어느덧 자신도 모르게 술술 나오게 된답니다. 중국어는 굉장히 리드미컬한 언어이지요. 노래하듯이 여러 번 즐겁게 연습해 보세요.

2. 자신감을 갖고 큰소리로 말하기!

발음하기 꽤 난해한 언어 중 하나가 바로 중국어가 아닐까 하네요. 특히 음의 고저가 분명한 중국어는 초보자가 발음하기에 왠지 어색하게 느껴지기도 하지요. 이럴 땐 오히려 더 큰소리로 자신 있게 발음해 보세요. 실수를 두려워해 말을 하지 않는다면 좀처럼 늘지 않는답니다. 자신감을 갖으세요.

3. 한마디라도 매일 접하고 익히기!

외국어는 계단식 학습이라고 하지요. 짧은 시간이라도 매일 조금씩 익혀 보세요. 언젠가는 중국인과 자연스럽게 대화할 수 있게 될 테니까요. 방심은 금물! 잠시 잠깐 하는 사이에 공든 탑이 일순간에 무너질 수도 있답니다.

4. 기초부터 튼튼히!

우리나라 사람들은 외국어에 투자하는 시간이 결코 적지 않다고 하지요. 너무 한꺼번에 욕심부리지 말고 기초부터 차근차근 튼튼히 다져 보세요. 문법이나 독해에는 강한 사람들이 실제 회화에서는 좀처럼 말을 하지 못하는 경우도 허다하답니다. 발음부터 꾸준히 하나하나 쌓아 나가 보세요. 언젠가는 유창한 중국어를 구사하게 될 테니까요.

5. 한자 보기를 밥 먹듯이!

한자가 한가득 쓰여 있는 책을 보면 거부감부터 느끼는 사람들이 있지요. 처음엔 어렵게 느껴지던 한자도 계속 보다 보면 익숙해진답니다. 중국어는 흔히 우리가 알고 있는 정자 - 번체자(繁体字 fántǐzì; 판티쯔)와 약자 - 간체자(简体字 Jiǎntǐzì; 지엔티쯔)가 있지요. 번체자는 대만, 홍콩 등지에서 쓰고, 간체자는 중국 대륙에서 쓰고 있습니다. 간체, 번체를 따지기에 앞서 두루두루 익혀두는 것이 좋겠지요.

6. 중국 문화 느껴보기!

언어는 그 환경을 둘러싼 생활의 반영이라고 하지요. 중국어에도 중국인의 생활습관, 문화, 사상 등이 고스란히 담겨 있답니다. 중국어를 제대로 이해하고 구사하기 위해서는 그들의 문화도 직접 체험해 봐야겠지요. 영화, 음악, 음식 등 여러 가지 중국 문화에도 관심을 가져 보세요. 중국어가 한층 더 흥미롭게 느껴질 거예요.

2. 중국어 배워보기 ②
_ 인사하기

우리나라를 동방예의지국(東方礼义之国)이라고 하지요. 중국도 예의를 갖추는 것을 매우 중시 여긴답니다. 만나고 헤어질 때 인사는 기본! 안부를 물을 때, 감사의 뜻을 전할 때, 용서를 구할 때, 누군가에게 도움을 청할 때 등 상황에 따른 인사법도 매우 다양하답니다. 특히 중국인들은 칭찬하기를 좋아합니다. 오랜만에 친구를 만났을 때 "더 멋있어졌는걸!" 혹은 "더 예뻐졌다!"며 아낌없이 칭찬해 보세요. 매우 기분 좋은 만남이 될 테니까요. 매일 반갑게 인사하며 즐거운 시간 보내세요.

누군가와 마주쳤을 때 인사는 기본!

안녕하세요!

헤어지면서 또 한마디!

안녕히 가세요.

처음 만난 사람에게 정중하게 물으며

성이 뭔가요?

Nǐ hǎo

你好!

니 하오

시·공간을 불문하고 누구에게나 가장 흔히 쓰는 인사말이지요. 상대방도 똑같이 '안녕하세요! 你好!'라고 대답합니다. 아침에 만났을 때는 'Good morning!'의 의미로 '早安(zǎo'ān; 짜오안)', 저녁에 만났을 때는 'Good evening!'의 의미로 '晚安(wǎn'ān; 완안)'이라는 표현을 더 많이 씁니다.

Zàijiàn

再见!

짜이지엔

헤어질 때 쓰는 인사말로, '또 보자'는 의미로 자주 쓰는 표현이지요. 상대방도 물론 '안녕히 계세요! 再见!'이라고 대답합니다.

Nín guì xìng

您贵姓?

닌 꾸이 씽

상대방을 존중하여 물어 보는 격식 차린 표현입니다. 중국에서는 처음 만나면 대부분 성씨를 물어 봅니다. 아주 많이 쓰는 표현이지요. '그는 성이 뭐예요?'라고 물을 때는 '他姓什么?(Tā xìng shénme; 타 씽 선머)'라고 해야 합니다. '他贵姓?(Tā guì xìng; 타 꾸이 씽)'이라고 하지 않으니 주의하세요.

대답으로

왕씨입니다.

같은 반 친구 이름이 궁금하네요.

이름이 뭐예요?

대답으로

저는 유덕화입니다.

Wǒ xìng wáng

我姓王。

워 씽 왕

대답으로 '저는 이씨입니다.'는 '我姓李。(Wǒ xìng lǐ; 워 씽 리)'라고 하지요. 또는 아주 정중한 표현으로 '免贵姓李。(Miǎn guì xìng lǐ; 미엔 꾸이 씽 리)'라고 합니다.

Nǐ jiào shénme míngzi

你叫什么名字?

니 지아오 선머 밍쯔?

웃어른이 아랫사람에게, 또는 젊은 친구들 사이에 쓰는 표현이랍니다. 존중의 의미는 없으니 조심해서 써야 합니다.

Wǒ jiào   Liúdéhuá

我叫刘德华。

워 지아오   리우더화

'저는 ○○○입니다. 제 이름은 ○○○입니다.'의 표현으로 '我叫○○○。' 또는 '我是○○○。'라고 합니다.

만나서 반가워요!

말씀 많이 들었습니다.

잘 부탁드립니다.

Jiàndào nín hěn gāoxìng

见到您很高兴!

지엔따오 닌 헌 까오씽

처음 만났을 때 '알게 되어 매우 반갑습니다.'의 의미로 '认识您很高兴。(Rènshi nín hěn gāoxìng; 런스 닌 헌 까오씽)'도 많이 씁니다. '认识(rènshi; 런스)'는 '알다'는 뜻. 여기서 '很(hěn; 헌)' 대신에 '非常(fēicháng; 페이창)'을 써서 반가운 정도를 더 강조해도 됩니다.

Jiǔyǎng　　Jiǔyǎng

久仰! 久仰!

지우양　　지우양

상대방에 대한 공경의 의미로 많이 쓰는 표현이지요. '당신의 존함은 오래 전부터 익히 들어 알고 있습니다.'는 '久仰您的尊姓大名。(Jiǔyǎng nín de zūnxìngdàmíng; 지우양 닌 더 쭌씽따밍)'이라고 합니다.

Qǐng duōduō guānzhào

请多多关照。

칭　뚸뚸　꽌짜오

보통 처음 만난 사람에게 정중한 표현으로 많이 쓰지요. '关照(guānzhào; 꽌짜오)'는 '돌보다'는 뜻. '많은 지도 바랍니다.'의 의미로 '请多多指教。(Qǐng duōduō zhǐjiào; 칭 뚸뚸 즈지아오)'도 많이 씁니다. '指教(zhǐjiào; 즈지아오)'는 '지도하다. 가르치다'의 뜻.

친절하게 잘 대해준 사람에게 한마디!

감사합니다!

상대방이 고맙다고 인사하면

천만에요.

실수를 저질렀네요. 사과하며 한마디!

미안해요!

Xièxie

谢谢!

씨에씨에

상대방이 호의를 베풀면 꼭 감사의 뜻을 전해 보세요.

Bú kèqi

不客气。

부 커치

'别客气。(Bié kèqi; 비에 커치)'라고 해도 같은 말입니다. '客气(kèqi; 커치)'
는 '예의가 바르다. 정중하다'는 뜻입니다. '别(bié; 비에)'는 '～하지 마세
요'의 의미이지요. '뭘요!'의 뜻으로 '哪儿啊!(Nǎr a; 날 아)'라고 말해도 됩
니다.

Duìbuqǐ

对不起!

뚜이부치

아이고, 이런! 친구와의 약속 시간에 늦었네요. '늦어서 미안해.'의 표현으
로 '对不起, 我来晚了。(Duìbuqǐ, wǒ lái wǎn le; 뚜이부치, 워 라이 완 러)'
라고 합니다.

상대방이 용서를 구하면

괜찮아요.

손님이 집에 놀러 왔을 때 한마디!

환영합니다!

손님이 가려고 나서면

살펴 가세요!

Méi guānxi

没关系。

메이 꽌씨

상대방이 정중히 사과하면 너그러이 용서해 주는 것이 미덕이겠지요. 베이징에서는 '괜찮다'는 의미로 '没事儿。(Méi shìr; 메이 셜)'을 많이 씁니다.

Huānyíng

欢迎!

환잉

중국 식당에 들어서면 종업원들이 큰소리로 인사합니다. '어서 오십시오! 欢迎光临!(Huānyíng guānglín; 환잉 꽝린)'.

Màn zǒu

慢走!

만 쩌우

손님이 갈 채비를 할 때 조심히 잘 가라는 의미로 자주 쓰는 인사말입니다. '慢(màn; 만)'은 '느리다'의 의미. 반대말로 '빠르다'는 '快(kuài; 콰이)'입니다.

○ 배웅하겠다고 나오는 친구에게 한마디!

나오지 마세요!

○ 밤길이 걱정되네요. 그럴 때 한마디!

조심하세요!

○ 걱정해 주는 친구에게 인사하며

걱정 마세요.

Bié sòng

别送!

비에 쏭

보통 중국인들은 손님이 가려할 때 나와서 배웅합니다. 이때 '이제 그만 나오세요!'의 의미로 '留步! 留步!(Liúbù Liúbù; 리우부 리우부)'라고도 합니다.

Xiǎoxīn

小心!

씨아오씬

'길 조심하세요!'는 '路上小心!(Lù shàng xiǎoxīn; 루 샹 씨아오씬)'이라고 합니다.

Bié dānxīn

别担心。

비에 딴씬

'别(bié; 비에)' 대신에 '不要(búyào; 부야오)'를 써서 '不要担心!(Búyào dānxīn; 부야오 딴씬)'이라고 해도 됩니다.

초대에 감사하며 한마디 더!

오늘 매우 즐거웠어요.

지나치게 예의바른 친구에게 건네는 한마디!

우리 사이에 뭘요.

바빠서 못 온 그녀에게

안부 전해 주세요.

Jīntiān guò de hěn yúkuài

今天过得很愉快。

진티엔 꿔 더 헌 위콰이

'过(guò; 꿔)'는 '보내다'는 뜻. '得(de; 더)'는 동사 뒤에서 정도를 나타내는 구조조사로 쓰입니다. '愉快(yúkuài; 위콰이)'는 '유쾌하다. 즐겁다'는 뜻.

Zánmen shéi gén shéi a

咱们 谁 跟 谁 啊!

짠먼 쉐이 건 쉐이 아

절친한 친구가 예의를 갖춰 고마운 마음을, 혹은 미안한 마음을 전할 때 쓰는 표현이지요. '咱们(zánmen; 짠먼)'은 나를 포함한 '우리'를 뜻하는 말입니다.

Tì wǒ xiàng tā wènhǎo

替 我 向 她 问好。

티 워 씨앙 타 원하오

'～에게 저 대신 안부 전해 주세요.'라고 할 때는 '替我向…问好'라고 합니다. '问好' 대신 '问候(wènhòu; 원허우)'라고 해도 같은 표현이랍니다.

중국어 TIP

중국어 음절은 '성모(声母)'와 '운모(韵母)', '성조(声调)'로 되어 있지요.
성모는 국어의 자음, 운모는 모음, 성조는 음의 높낮이라고 할 수 있습니다.

성모

설명	한어병음	발음	
입술을 붙였다가 떼면서	b	ㅂ	
	p	ㅍ	
	m	ㅁ	+ 오어
윗니를 아랫입술에 대고 공기를 내뱉으면서	f	ㅍ	
혀끝을 윗잇몸에 붙였다가 떼면서	d	ㄷ	
	t	ㅌ	
	n	ㄴ	
	l	ㄹㄹ	+ 으어
혀뿌리로 목구멍을 막았다가 트면서	g	ㄱ	
	k	ㅋ	
	h	ㅎ	
혓바닥을 올려 입천장에 가볍게 붙였다가 살짝 떼면서	j	ㅈ	
	q	ㅊ	+ 이
	x	ㅅ	
혀끝을 입안으로 말아서 입천장에 붙였다가 떼면서	zh	ㄹㅈ	
	ch	ㄹㅊ	
	sh	ㄹㅅ	
	r	ㄹㅇ	+ 으
윗니와 아랫니를 맞물고 혀끝을 윗니 안쪽에 댔다가 떼면서	z	ㅈ	
	c	ㅊ	
	s	ㅅ	

성조

+ 1성 □ : 음높이를 '솔'음 정도로 시작하여 높고 평탄하게 발음
합니다.

+ 2성 □ : 중간 정도의 음높이에서 1성 정도의 높이까지 올려서 발
음합니다. 시작을 너무 낮게 잡으면 3성과 비슷하게 들
리므로 주의해서 발음합니다.

+ 3성 □ : 중저음에서 시작하여 저음으로 떨어뜨린 뒤 끝부분을 자
연스럽게 올려 줍니다.

+ 4성 □ : 고음에서 가장 낮은 음으로 급격히 떨어뜨리며 발음합니
다.

성조표

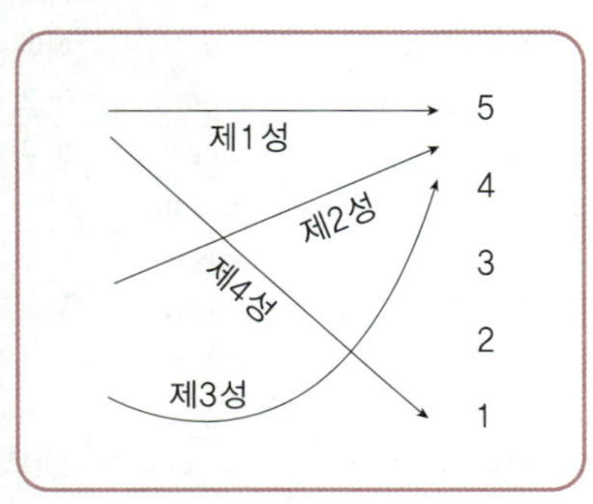

중국어 TIP

설명	한어병음	발음
입을 크게 벌리고 목안에서부터	a	아
입술을 둥글게 하고 하나의 발음처럼	o	오어
입을 중간 정도 벌리고 목구멍으로 붙여 읽는 느낌으로	e	으어
입을 최대한 좌우로 벌리고 입술 양쪽에 힘을 주면서	i(yi)	이
성모 z, c, s 뒤에서는	i	으
성모 zh, ch, sh 뒤에서는		을
입술을 작고 둥글게 오므리고 앞으로 내밀면서	u(wu)	우
[i] 발음 후 입 모양만 [u]로 바꾸며 j, q, x와 결합하여 쓸 때는 'ü'를 'u'로 표기	ü	위
[e] 발음을 내다가 혀끝을 입천장으로 약간 말아 올리면서 'ㄹ'받침을 붙이는 기분으로	er	얼
[a]에 강세를 두고 [i]는 가볍게 붙이며	ai	아이
[e]에 강세를 두고 [i]는 가볍게 붙이며	ei	에이
[a]에 강세를 두고 [o]는 가볍게 붙이며	ao	아오
[o]에 강세를 두고 [u]는 가볍게 붙이며	ou	오우
[i]는 약하게, [a]는 강하게	ia(ya)	이아
[i]는 약하게, [e]는 강하게	ie(ye)	이에
[u]는 짧고 약하게, [a]는 길고 강하게	ua(wa)	우아
[u]는 짧고 약하게, [o]는 길고 강하게	uo(wo)	우오
[ü]는 강하게, [e]는 짧고 약하게	üe(yue)	위에
[i]와 [o]는 짧고 약하게, 중간의 [a]는 강하게	iao(yao)	이야오
[i]와 [u]는 짧고 약하게, 중간의 [o]는 강하게 단독으로 쓰일 때는 'you', 성모와 결합할 때는 'iu'로 표기	iou (you) (-iu)	이오우
[u]와 [i]는 약하게, [a]는 강하게	uai(wai)	우아이

[u]와 [i]는 약하게, [e]는 강하게 단독으로 쓰일 때는 'wei', 성모와 결합할 때는 'ui'로 표기	uei (wei) (–ui)	우에이
[안]을 발음하다가 콧소리 [ŋ]을 넣고 'ㄴ'받침을 붙여서	an	안
[어]를 발음하다가 'ㄴ'받침을 붙여서	en	언
[i]는 강하게, [n]은 약하게	in(yin)	인
[i]와 [n]은 약하게, [a]는 강하게	ian(yan)	이엔
[u]와 [n]은 약하게, [a]는 강하게	uan(wan)	우안
[u]와 [n]은 약하게, [e]는 강하게 단독으로 쓰일 때는 'wen', 성모와 결합할 때는 'un'으로 표기	uen (wen) (–un)	우언
[ü]와 [n]은 약하게, [a]는 강하게	üan(yuan)	위엔
[ü]는 강하게, [n]은 약하게	ün(yun)	윈
[아]를 발음하듯 [a]소리를 내다가 'ㅇ'받침을 붙여서	ang	앙
[어]를 발음하듯 [e]소리를 내다가 'ㅇ'받침을 붙여서	eng	엉
콧구멍을 울려	ong	옹
[i]와 [ng]는 약하게, [a]는 강하게	iang(yang)	이앙
[i]는 강하게, [ng]는 약하게	ing(ying)	잉
[i]와 [ng]는 약하게, [o]는 강하게	iong(yong)	용
[u]와 [ng]는 짧고 약하게, [a]는 강하게	uang(wang)	우앙
[u]와 [ng]는 짧고 약하게, [e]는 강하게	ueng(weng)	우엉

행복하세요!

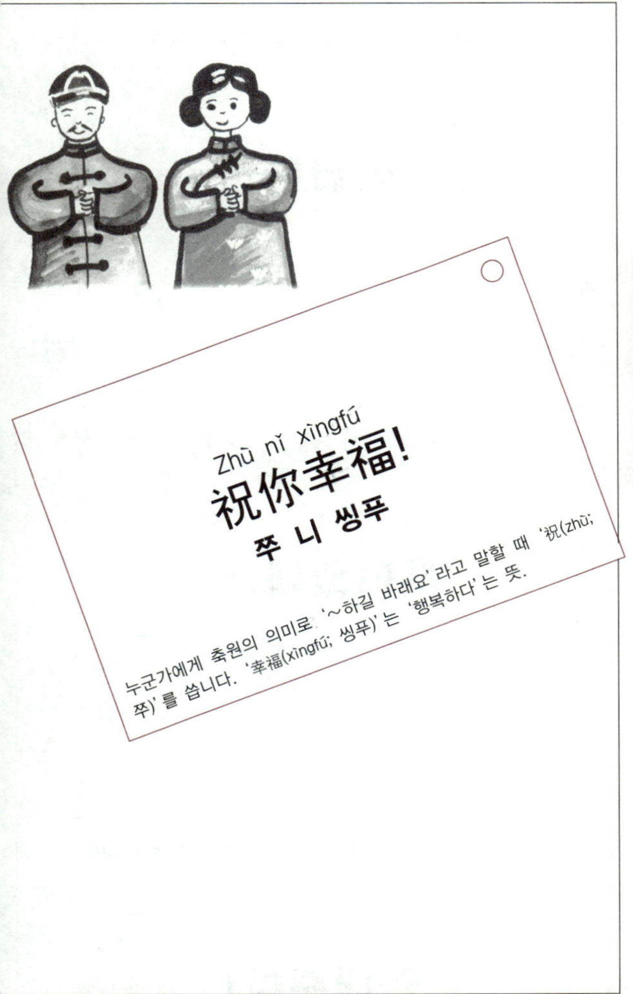

누군가에게 축원의 의미로 '~하길 바래요'라고 말할 때 '祝(zhù; 쭈)'를 씁니다. '幸福(xìngfú; 씽푸)'는 '행복하다'는 뜻.

사랑하는 사람들에게 진심 어린 따스한 마음을 담아 이야기해 보세요. 여러 번 반복해서 말해도, 또 끊임없이 들어도 가슴 훈훈해집니다. 계속해서 '행복 幸福'를 외치는 순간, 어느덧 중국어가 친숙하게 느껴질 거예요.

야호! 친구들과 여행 계획을 세우며

신난다!

PC방에서 게임을 즐기며

재미있네요.

노래방에서 친구 노래를 듣고 칭찬하며 한마디!

끝내준다!

Hěn gāoxìng

很高兴!

헌 까오씽

‘매우. 대단히’의 뜻으로 ‘很(hěn; 헌)’ 대신에 ‘非常(fēicháng; 페이창)’을 써서 강조해도 됩니다. ‘高兴极了(Gāoxìng jí le; 까오씽 지 러)’도 같은 표현이지요. ‘…极了’는 형용사 뒤에 붙여서 ‘몹시 ~하다’는 의미를 강조합니다.

Hěn   yǒuyìsi

很有意思。

헌   요이쓰

‘재미없어요.’는 ‘没有意思。(Méiyǒuyìsi; 메이요이쓰)’라고 합니다. ‘따분해요.’는 ‘很无聊。(Hěn wúliáo; 헌 우랴오)’라고 하지요.

Zhēn bàng

真棒!

쩐 빵

젊은이들 사이에서 흔히 쓰는 표현입니다. 발음할 때 감정을 실어서 표현해 보세요.

○ 쇼핑을 즐기고 있는데 우연히 선배와 부딪혔을 때

오랜만이네요.

○ 은사님이 편찮으시대요. 이때 한마디!

건강하세요!

○ 잃어버린 지갑을 찾았을 때 한마디!

천만다행이에요.

Hǎo jiǔ bú jiàn le

好久不见了。

하오 지우 부 지엔 러

'好久没见。(Hǎo jiǔ méi jiàn; 하오 지우 메이 지엔)' 이라고도 합니다. 여기서 '好'는 '꽤. 몹시'의 의미로 '久'의 의미를 강조해 줍니다. '久'는 '오랫동안'의 의미.

Qǐng nín bǎozhòng shēntǐ

请您保重身体!

칭 닌 바오중 션티

상대방에게 정중하게 표현할 때 '请'을 붙여 씁니다. 유학 가는 친구에게 '부디 건강하길 바래!'라고 할 때는 '祝你身体健康!(Zhù nǐ shēntǐ jiànkāng; 쭈 니 션티 지엔캉)'이라고 합니다.

Zhēn wànxìng

真万幸。

쩐 완씽

비슷한 표현으로 '정말 불행 중 다행이네요.'는 '真是不幸中的万幸啊。(Zhēn shì bú xìng zhōng de wànxìng a; 쩐 스 부 싱 중 더 완씽 아)'라고 합니다.

○ 취직했다고 전화 온 친구에게 한마디!

축하해요!

○ 시험 보러 가는 친구에게 격려의 한마디!

행운을 빌어요!

○ 야호! 주말이네요. 퇴근하면서 한마디!

주말 즐겁게 보내세요!

Gōngxǐ　　　Gōngxǐ

恭喜!　恭喜!

꽁씨　　　꽁씨

'祝贺你!(Zhùhè nǐ; 쭈허 니)'라고 해도 같은 표현입니다. '생일 축하해.'는
'祝你生日快乐!(Zhù nǐ shēngrì kuàilè; 쭈 니 셩르 콰이러)'라고 합니다.

Zhì nǐ hǎoyùn

祝你好运!

쭈 니 하오윈

'祝你走运!(Zhù nǐ zǒuyùn; 쭈 니 저우윈)'이라고 해도 같은 뜻이 됩니다.

Zhōumò kuàilè

周末快乐!

저우모 콰이러

월요일에 출근해서 '주말 어땠니?'라고 묻고 싶으면 '周末过得怎么样?
(Zhōumò guò de zěnmeyàng; 저우모 꿔 더 쩐머양)'이라고 하면 됩니다. 대답
으로 '그럭저럭 잘 지냈어요.'는 '还可以。(Hái kěyǐ; 하이 커이)'라고 합니다.

○ 누군가의 도움이 간절히 필요할 때 한마디!

부탁해요.

○ 무거운 짐을 들어 준 아저씨에게 한마디!

수고하셨어요.

○ 마라톤에서 우승한 선수에게 한마디!

대단해요.

Bàituō nǐ

拜托你。

바이퉈 니

'좀 도와 주세요.'는 '请您帮帮忙。(Qǐng nín bāngbangmáng; 칭 닌 빵빵망)'이라고 합니다.

Xīnkǔ le

辛苦了。

씬쿠 러

누군가의 도움을 받았을 때 '감사합니다 谢谢(xièxie; 씨에씨에)'와 함께 잘 쓰는 표현이지요.

Liǎobuqǐ

了不起。

랴오부치

들으면 어깨가 으쓱해지는 표현입니다. 강조하기 위해 '정말 대단해요.'라고 말하고 싶으면 앞에 '真(zhēn; 쩐)'을 붙여서 '真了不起(Zhēn liǎobuqǐ; 쩐 랴오부치)'라고 하면 됩니다.

○ 여자친구에게 선물을 건네며 마음에 드는지 물어볼 때

어때요?

○ 옳소! 상대방의 말에 맞장구 치며

당신 말이 맞아요.

○ 자꾸 물건값을 깎는 손님에게 한마디!

안 돼요!

Zěnmeyàng

怎么样?
쩐머양

상대방의 의사를 물어볼 때 굉장히 자주 쓰는 말입니다. '어떻게 생각하니?'는 '你觉得怎么样?(Nǐ juéde zěnmeyàng; 니 쮀더 쩐머양)'이라고 합니다.

Nǐ shuō de duì

你说得对。
니 쉬 더 뚜이

'对'의 반대말은 '错(cuò; 춰)'입니다. 혹은 '对' 앞에 부정을 나타내는 '不(bù; 부)'를 써서 '不对(búduì)'라고도 많이 씁니다.

Bù xíng

不行!
부 씽

'절대 안 돼!'라고 강조하고 싶을 때는 '绝对不行!(Juéduì bù xíng; 쮀뚜이 부 씽)'이라고 합니다.

중국어 TIP

정보의 물결 속에 생활하고 있는 현대인의 필수품, 컴퓨터! 컴퓨터는 중국어로 '电脑(diànnǎo; 띠엔나오)'라고 합니다. 중국에서는 외래어를 중국의 언어환경에 맞게 음역하거나 의역하여 사용하지요. 각종 컴퓨터 용어 또한 그러하답니다.

컴퓨터 용어

O/S	操作系统 cāozuò xìtǒng	차오쭤 씨통
사양	配置 pèizhì	페이쯔
하드웨어	硬件 yìngjiàn	잉지엔
소프트웨어	软件 ruǎnjiàn	롼지엔
프로그램	程序 chéngxù	청쉬
시스템	系统 xìtǒng	씨통
데이터	数据 shùjù	슈쥐
데이터베이스	数据库 shùjùkù	슈쥐쿠
LAN	局域网 júyùwǎng	쥐위왕
네트워크	网络 wǎngluò	왕뤄
노트북 컴퓨터	笔记本电脑 bǐjìběn diànnǎo	비지번 띠엔나오

PDA	掌上电脑 zhǎngshàngdiànnǎo	장샹띠엔나오
업그레이드	升级 shēngjí	셩지
백업 파일	备份 bèifèn	뻬이펀
마우스	鼠标 shǔbiāo	슈비아오
대화상자	对话框 duìhuàkuàng	뚜이화쾅
플로피 디스크	磁盘 cípán	츠판
공디스켓	空磁盘 kōng cípán	콩 츠판
기가바이트	千兆字节 qiānzhàozìjié	치엔짜오쯔지에
메가바이트	兆字节 zhàozìjié	짜오쯔지에
컴퓨터를 켜다	开机 kāijī	카이지
컴퓨터를 끄다	关机 guānjī	꽌지
다운되다	死机 sǐjī	쓰지
바이러스에 걸리다	染上病毒 rǎnshàng bìngdú	란샹 삥두
백신프로그램	杀毒软件 shādúruǎnjiàn	샤두롼지엔
부팅	启动 qǐdòng	치똥
커서	光标 guāngbiāo	꽝비아오
클릭	点击 diǎnjī	디엔지

엔터	回车 huíchē	후이처
편집하다	排版 páibǎn	파이반
블록을 설정하다	加黑 jiāhēi	지아헤이
복사	复制 fùzhì	푸즈
붙이기	粘贴 zhāntiē	짠티에
압축하다	压缩 yāsuō	야쒀
압축 해제하다	解压 jiěyā	지에야
압축파일	压缩文件 yāsuō wénjiàn	야쒀 원지엔
CD	光盘 guāngpán	꽝판
CD-RW	刻录机 kèlùjī	커루지
CD를 굽다	刻光盘 kè guāngpán	커 꽝판
프린트하다	打印 dǎyìn	다인

인터넷	因特网 yīntèwǎng	인터왕
인터넷에 접속하다	上网 shàng wǎng	샹 왕
모뎀	调制解调器 tiáozhìjiětiáoqì	티아오쯔지에티아오치

서버	服务器 fúwùqì	푸우치
웹브라우저	浏览器 liúlǎnqì	리우란치
유저	用户 yònghù	용후
초고속 인터넷	宽带网 kuāndàiwǎng	콴따이왕
웹 사이트	网站 wǎngzhàn	왕짠
포털 사이트	入门网站 rùmén wǎngzhàn	루먼 왕짠
	门户网站 ménhù wǎngzhàn	먼후 왕짠
검색	搜索 sōusuǒ	써우쒀
홈페이지	主页 zhǔyè	쭈예
메인 페이지	首页 shǒuyè	셔우예
골뱅이(@)	A圈 A quān	에이 췐
점(.)	点 diǎn	디엔
이메일	电子邮件 diànzǐ yóujiàn	띠엔쯔 여우지엔
메일 박스	信箱 xìnxiāng	씬씨앙
스팸 메일	垃圾邮件 lājī yóujiàn	라지 여우지엔
게시판	公告板 gōnggàobǎn	꽁까오반
커뮤니티	网上社区 wǎngshàng shèqū	왕샹 셔취

회원가입	注册 zhùcè	쭈처
ID	用户名 yònghùmíng	용후밍
비밀번호	密码 mìmǎ	미마
	口令 kǒulìng	커우링
로그인	登录 dēnglù	떵루
로그아웃	退出 tuìchū	투이추
다운로드	下载 xiàzǎi	씨아자이
업로드	上传 shàngchuán	샹촨
동영상을 보다	网上看片儿 wǎngshàng kàn piàr	왕샹 칸 피알
채팅	聊天 liáotiān	리아오티엔
채팅룸	聊天室 liáotiānshì	리아오티엔스
채팅하다	上聊天室 shàng liáotiānshì	샹 리아오티엔스
인터넷 중독자	网虫 wǎngchóng	왕총
네티즌	网民 wǎngmín	왕민
네티켓	网德 wǎngdé	왕더
정품	正版 zhèngbǎn	쩡반
해적판	盗版 dàobǎn	따오반

시리얼 넘버	系列号码 xìliè hàomǎ	씨리에 하오마
해커	黑客 hēikè	헤이커
PC방	网吧 wǎngbā	왕빠
컴퓨터 게임	电脑游戏 diànnǎo yóuxì	띠엔나오 요씨

첫눈에 반했어요.

유난히 빛이 나는 그 사람! 자신도 모르는 사이 그 사람과 사랑에 빠졌
네요. 동서고금을 막론하고 '사랑'이라는 느낌과 그 표현방식은 비슷한
것 같습니다. 외운다고 생각하지 말고 느낌을 담아 자꾸 반복해서 표현
해 보세요.

○ 멋진 그녀에게 용기 내어 말을 걸며

남자 친구 있어요?

○ 자신의 솔직한 심정을 고백하며

당신을 좋아해요.

○ 호의를 보이는 그녀에게 자신 있는 목소리로!

우리 사귀어요!

Nǐ yǒu nánpéngyou ma

你有男朋友吗?

니 요 난펑요 마

'여자친구'는 '女朋友(nǚpéngyou; 뉘펑요)', '애인'은 '情人(qíngrén; 칭런)'이라고 합니다.

Wǒ xǐhuan nǐ

我喜欢你。

워 씨환 니

반대 의미로 '전 당신이 싫어요.'는 '我讨厌你。(Wǒ tǎoyàn nǐ; 워 타오옌 니)'라고 합니다.

Zánmen tán liàn'ài ba

咱们谈恋爱吧!

짠먼 탄 리엔아이 바

'咱们'은 '나'를 포함한 '우리'를 나타내는 말입니다. '谈恋爱'는 '연애하다'는 뜻. '吧'는 청구, 명령, 추측 등의 의미를 나타낼 때 쓰는 어기조사입니다.

사랑하는 연인과 통화하며 건네는 말!

너무 보고 싶어요.

연인에게 가장 듣고 싶은 말!

사랑해요!

한번 더 애정을 확인하며

정말?

Wǒ hěn xiǎng nǐ a

我很想你啊。

워 헌 씨앙 니 아

'想'은 '그리워하다'는 뜻으로 '想念(xiǎngniàn; 씨앙니엔)'을 줄여서 쓴 말입니다.

Wǒ ài nǐ

我爱你!

워 아이 니

'영원히 당신을 사랑해요!'는 '我永远地爱你!(Wǒ yǒngyuǎnde ài nǐ; 워 용위엔더 아이 니)'라고 합니다. 영화나 노래가사에 자주 등장하는 표현이지요.

Zhēnde ma

真的吗?

쩐더 마

일상생활에서도 매우 자주 쓰는 말이지요. 중국인들도 의심이 많답니다.

물론이지!

다시 한번 말씀해 주세요.

농담이에요.

Dāngrán

当然!

당란

'중국 영화 좋아하세요?' '你喜欢看中国电影吗?(Nǐ xǐhuan kàn Zhōngguó diànyǐng ma; 니 씨환 칸 쯩궈 띠엔잉 마)'라고 물으면 '물론이지!' '当然!' 이라고 대답해보세요.

Qǐng zài shuō yí biàn

请再说一遍。

칭 짜이 쉬 이 비엔

'再'는 '다시. 또'의 의미. '遍'은 동작을 세는 양사입니다. '두 번'은 '两 遍(liǎng biàn; 량 비엔)'이라고 합니다.

Kāi wánxiào

开玩笑。

카이 완씨아오

'농담하지 마세요.'는 '别开玩笑。(Bié kāi wánxiào; 비에 카이 완씨아오)'라 고 합니다.

바라만 봐도 어여쁜 그녀에게

너무 예뻐요.

친구들이 남자친구 어떠냐고 묻는다면

정말 멋져요.

몰래 데이트하다 친구에게 들켰을 때 한마디!

쑥스럽네요.

Hěn piàoliang

很漂亮。

헌 피아오량

'아름답다'는 '美丽(měilì; 메이리)'라고 합니다. 호리호리하게 날씬한 몸매를 형용할 때는 '亭亭玉立(tíngtíngyùlì; 팅팅위리)'라고 합니다.

Zhēn shuài

真帅。

쩐 솨이

잘생기고 스마트한 남자를 형용할 때는 '英俊潇洒(yīngjùnxiāosǎ; 잉쥔씨아오싸)'라고 합니다.

Bùhǎoyìsi

不好意思。

부하오이쓰

'不好意思'는 난처하거나 곤란한 상황에도 자주 쓰는 표현입니다. 같은 표현으로 '尴尬(gāngà; 깐까)', '为难(wéinán; 웨이난)'이라고도 합니다.

얼굴이 빨개졌네요.

심성이 착해요.

이보다 좋을 수는 없어요!

Mǎn liǎn tōng hóng

满脸通红。

만 리엔 통 홍

얼굴이 온통 새빨갛게 달아올랐다는 표현으로 당황해하는 모습을 형용합니다. '부끄러워요.'는 '害羞。(Hàixiū; 하이씨우)'라고 합니다.

Xīndì shànliáng

心地善良。

신띠 샨량

아주 듣기 좋은 칭찬이네요. '心地'는 '마음씨', '善良'은 '착하다'는 뜻.

Zài hǎo bú guò

再好不过!

짜이 하오 부 궈

매우 기분 좋을 때 쓰는 표현이지요. 비슷한 표현으로 '무지 기뻐요.'는 '极为高兴。(Jíwéi gāoxìng; 지웨이 까오씽)'이라고 합니다.

그녀에게 전화를 걸며

여보세요!

뚜뚜뚜뚜……

통화중이에요.

상대방이 있는지 먼저 확인하며

장백지 있나요?

Wèi

喂!

웨이

'喂'는 전화를 걸거나 받을 때, 혹은 멀리서 누군가를 부를 때 쓰는 표현이
지요.

Zhànxiàn

占线。

짠씨엔

'전화를 걸다'는 '打电话(dǎ diànhuà; 다 띠엔화)', '전화를 받다'는 '接电
话(jiē diànhuà; 지에 띠엔화)'라고 합니다.

Zhāngbǎizhī zài ma

张柏芝在吗?

짱바이즈 짜이 마

부재중일 때는 '不在(bú zài; 부 짜이)'라고 합니다. '그녀에게 전화하라고
전해 주세요.'는 '请她给我回个电话。(Qǐng tā gěi wǒ huí ge diànhuà; 칭
타 게이 워 후이 거 띠엔화)'라고 합니다.

잠시만 기다리세요.

잘 못 들었어요.

이만 끊을게요.

Qǐng nín děng yíxià

请您等一下。

칭 닌 덩 이씨아

'一下'는 '잠시. 잠깐'의 뜻으로 지속적인 의미를 가지는 동사 뒤에 와서 짧은 순간을 나타냅니다. 같은 뜻으로 '请稍等。(Qǐng shāo děng; 칭 샤오 덩)'이라고도 합니다.

Tīng bu qīngchu

听不清楚。

팅 부 칭추

잘 몰라서 못 알아들을 때는 '听不懂(tīng bu dǒng; 팅 부 동)'이라고 합니다.

Wǒ yào guà le

我要挂了。

워 야오 꽈 러

'要…了'는 '곧…하겠다'는 의미로 머지 않아 발생할 일을 나타냅니다.

몇 시에 만날까요?

거기서 봐요.

감동이에요.

Jǐ diǎn jiànmiàn

几点见面?

지 디엔 지엔미엔

'几'는 주로 10 이하의 어림수를 물을 때 씁니다. '见面'은 '만나다'는 뜻.
'그를 만나다'는 '见他的面(jiàn tā de miàn; 지엔 타 더 미엔)' 혹은 '跟他
见面(gēn tā jiànmiàn; 껀 타 지엔미엔)'이라고 해야 합니다.

Zài nàr jiàn yí miàn ba

在那儿见一面吧。

짜이 날 지엔 이 미엔 바

'一面'을 생략하고 '在那儿见吧。'라고 해도 됩니다.

Gǎndòng bù yǐ

感动不已。

간똥 부 이

'不已'는 '(…해)마지 않다.'는 뜻으로 감동의 느낌을 한껏 더해 주는 표현
입니다.

Tiánmìmì
甜蜜蜜

Dènglìjūn
— 邓丽君

Tánmìmì, nǐ xiào de tiánmìmì
甜蜜蜜，你笑得甜蜜蜜

Hǎoxiàng huār kāi zài chūnfēnglǐ, kāi zài chūnfēnglǐ
好像花儿开在春风里，开在春风里

Zài nǎli, zài nǎli jiànguò nǐ
在哪里，在哪里见过你

Nǐ de xiàoróng zhèyàng shúxi, wǒ yìshí xiǎngbuqǐ
你的笑容这样熟悉，我一时想不起

Ā, zài mènglǐ, mènglǐ mènglǐ jiànguò nǐ
啊，在梦里，梦里梦里见过你

Tiánmì xiàode duō tiánmì
甜蜜笑得多甜蜜

Shì nǐ, shì nǐ, mèngjiàn de jiùshì nǐ
是你，是你，梦见的就是你

Zài nǎlǐ, zài nǎli jiànguò nǐ
在哪里，在哪里见过你

Nǐ de xiàoróng zhèyàng shúxi, wǒ yìshí xiǎngbuqǐ
你的笑容这样熟悉，我一时想不起

Ā, zài mènglǐ
啊，在梦里

(발음)

티엔미미
– 덩리쥔

티엔미미, 니 씨아오더 티엔미미
하오씨앙 화얼 카이 짜이 춘펑리, 카이 짜이 춘펑리
짜이 나리, 짜이 나리 지엔궈 니
니 더 씨아오룽 저양 수시, 워 이스 씨앙부치
아, 짜이 멍리, 멍리 멍리 지엔궈 니
티엔미 씨아오 더 뚸 티엔미
스 니, 스 니, 멍지엔 더 지우스 니
짜이 나리, 짜이 나리 지엔궈 니
니 더 씨아오룽 저양 수시, 워 이스 씨앙부치
아, 짜이 멍리

(해석)

첨밀밀
– 등려군

달콤해요, 당신의 미소가 달콤해요.
마치 봄바람 속에 꽃이 핀 것처럼, 봄바람 속에 핀 것처럼
어디서, 어디서 당신을 보았지요?
당신의 미소가 이처럼 친숙한데, 잠깐 생각이 안 나네요.
아, 꿈속에서, 꿈속에서 당신을 본적이 있지요.
부드러운 미소가 너무나도 달콤했지요.
당신이에요, 당신이에요, 꿈속에서 본 게 바로 당신이에요.
어디서, 어디서 당신을 보았지요.
당신의 미소가 이처럼 친숙한데, 잠깐 생각이 안 나네요.
아, 꿈속에서

중국어 행복 표현 2

5. 중국어 배워보기 ③
_ 음식 즐기기

요리의 천국, 중국! 중국 음식점에 가 보면 어마어마한 음식 종류에 놀라게 되고, 또 그 맛과 모양이 모두 일품인 중국 요리에 매료된답니다. '동쪽은 맵고, 서쪽은 시고, 남쪽은 달고, 북쪽은 짜다'는 것이 중국 요리의 특징인데요. 매번 갈 때마다 뭘 먹어야 할지 무척 고민됩니다. 따뜻한 차와 함께 중국 음식을 즐겨 보세요.

뭐 드실래요?

메뉴 좀 주세요.

죄송하지만,
먼저 차 좀 주세요.

Nǐ xiǎng chī shénme
你想吃什么?
니 씨앙 츠 선머

'想'은 '…하고 싶다'는 뜻으로 동사 '吃' 앞에 씁니다. '스파게티 먹고 싶어요.'는 '我想吃意大利面。(Wǒ xiǎng chī yìdàlìmiàn; 워 씨앙 츠 이따리미엔)'이라고 합니다.

Qǐng gěi wǒ càidān
请给我菜单。
칭 게이 워 차이딴

'냅킨 좀 주세요.'는 '请给我一些餐巾纸。(Qǐng gěi wǒ yìxiē cānjīnzhǐ; 칭 게이 워 이씨에 찬진즈)'라고 합니다.

Máfan nín, xiān lái diǎn chá ba
麻烦您, 先来点茶吧。
마판 닌, 씨엔 라이 디엔 차 바

'麻烦'은 '폐를 끼치다. 번거롭게 하다'는 뜻으로 굉장히 자주 쓰는 표현입니다.

○ 함께 온 일행에게 권하는 한마디!

주문하세요.

○ 처음 온 식당에서 뭘 먹어야 좋을지 잘 모를 때 한마디!

맛있는 요리
추천해 주세요.

○ 김이 모락모락 나는 음식을 보면서

식기 전에 드세요.

Diǎn cài ba
点菜吧。
디엔 차이 바

'点'은 '주문하다'는 뜻입니다. '주문할게요.'는 '我要点菜。(Wǒ yào diǎn cài; 워 야오 디엔 차이)'라고 하면 됩니다.

Qǐng tuījiàn jǐ ge hǎochī de cài
请推荐几个好吃的菜。
칭 투이지엔 지 거 하오츠 더 차이

음식 종류가 너무 많아 좀처럼 고르기가 쉽지 않네요. 이때 알아두면 편리한 표현이지요. '推荐'은 '추천하다'는 뜻.

Chèn rè chī ba
趁热吃吧。
천 러 츠 바

'趁'은 '…김에 …하다', '热'는 '뜨겁다'는 뜻. 향긋한 음식냄새가 날 때 '냄새 좋은데요!'란 뜻으로 '好香!(Hǎo xiāng; 하오 씨앙)'이라고 합니다.

tángcùlǐji

糖醋里脊

탕추리지

새콤달콤한 양념을 넣은 닭고기 요리로 탕수육과 가장 비슷한 산동지방 요리이지요.

gōngbǎojīdīng

宫保鸡丁

꽁바오지딩

닭고기를 잘게 썰어 땅콩, 고추, 오이, 당근, 양파, 생강 등에 황주, 간장, 설탕, 식초, 화초(花椒 : 산초나무 열매)를 넣어 맛을 낸 볶은 요리입니다. 매콤한 맛을 좋아하는 우리나라 사람들에게 잘 맞는 사천지방 요리이지요.

○ '맛있게 드세요.' 라고 권하는 친구에게 한마디!

그럼 잘 먹을게요.

○ 상대방의 입맛에 맞는지 궁금해하며 한마디!

맛이 어때요?

○ 배려해 준 상대방에게 미소지으며 한마디!

정말 맛있어요.

Nà wǒ kāidòng le
那我开动了。
나 워 카이똥 러

'开动'은 원래 '(기계 등을) 작동시키다'는 뜻으로, 식사하기 전에 잘 먹기 시작하겠다는 의미로 쓰는 표현이지요.

Wèidao zěnmeyàng
味道怎么样?
웨이따오 쩐머양

'제 입맛에 잘 맞아요.'는 '合我的口味。(Hé wǒde kǒuwèi; 허 워더 커우웨이)'라고 합니다.

Zhēn hǎochī
真好吃。
쩐 하오츠

'맛이 괜찮네요.'라는 뜻으로 '不错。(Búcuò; 부춰)'도 많이 씁니다.

○ 한 상 가득 차려진 음식을 보며 건네는 한마디!

많이 드세요.

○ 너무 많이 먹어서 더 이상 못 먹겠을 때 한마디!

배 터지겠어요.

○ 계속 음식을 권하는 친구에게 한마디!

다이어트 중이에요.

Duō chī diǎnr ba

多吃点儿吧。

뚸 츠 디알 바

'이미 많이 먹었습니다.'는 '已经吃多了。(Yǐjīng chīduō le; 이징 츠뚸 러)' 라고 합니다. '잘 먹었습니다.'는 '吃好了。(Chīhǎo le; 츠하오 러)'라고 하지 요.

Chēngsǐ le

撑死了。

청쓰 러

같은 의미로 '배불리 먹었습니다.'는 '吃饱了。(Chībǎo le; 츠바오 러)'라고 합니다. '死了'는 '…해 죽겠다'는 표현으로 그 정도가 심함을 강조합니다. '배고파 죽겠다.'는 '饿死了。(Èsǐ le; 어쓰 러)'라고 합니다.

Wǒ zhèngzài jiǎnféi ne

我正在减肥呢。

워 쩡짜이 지엔페이 너

'正在'는 '…하고 있는 중이다'는 뜻으로 현재 진행을 나타냅니다. '正'이 나 '在' 둘 중 하나를 생략해도 됩니다.

Běijīng kǎoyā

北京烤鴨

베이징 카오야

통째로 구운 오리를 얇게 썰어 얇은 떡에 파와 장을 곁들여 싸 먹는 요리로, 전문 음식점으로는 현재 베이징 천안문 근처에 있는 全聚德(quánjùdé; 췐쮜더) 본점이 가장 유명합니다. 베이징에 가면 한번쯤은 꼭 먹어봐야 할 요리이지요.

mápódòufu

麻婆豆腐

마포떠우푸

간장, 고추장, 참기름, 마늘, 파, 생강 등을 기름에 볶다가 두부를 깍둑 썰어 넣고 마지막에 전분으로 걸쭉하게 만드는 사천지방 요리로 우리나라 사람들이 즐겨 찾는 요리 중 하나이지요.

시원한 맥주 한잔 마시며

건배!

옆사람 잔이 비었네요. 한잔 따라주며

한잔 더 드세요.

친구가 계속 술을 권할 때

됐어요.

Gānbēi
干杯!
깐뻬이

'우리의 우정을 위하여 건배!'는 '为我们的友谊干杯!(Wèi wǒmen de yǒuyì gānbēi; 웨이 워먼 더 여우이 깐뻬이)'라고 합니다.

Zài lái yì bēi ba
再 来 一 杯 吧。
짜이 라이 이 뻬이 바

'来'는 원래 '오다'라는 뜻이지만, 다른 동사를 대신해서 쓰기도 합니다. 여기서는 '喝(hē; 허) 마시다'의 의미로 쓰였지요.

Gòu le
够了。
꺼우 러

'够'는 '충분하다. 넉넉하다'는 뜻으로, '충분히 먹었다.'는 '吃够了。(Chīgòu le; 츠꺼우 러)'라고 합니다. '부족하다'는 '不够(búgòu; 부꺼우)'라고 합니다.

○ 식사를 마치고 종업원을 부르며

여기, 계산이요!

○ 각자 내자고 누군가 제안을 하네요. 이때 건네는 말!

더치페이해요.

○ 친구가 계산하려고 할 때

오늘은 내가 한턱낼게요.

Xiǎojiě mǎidān
小姐，买单！
씨아오지에 마이딴

우리는 보통 종업원을 부를 때 '여기요! 저기요!' 라고 하지요. 중국에서는 보통 '小姐 아가씨' 혹은 '服务员(fúwùyuán; 푸우위엔) 종업원'이라고 부릅니다. '买单'은 '계산하다'는 뜻으로 '结帐(jiézhàng; 지에짱)'이라고도 합니다.

AA zhì ba
AA制吧。
AA 즈 바

요즘 젊은이들은 각자 먹은 건 각자 부담하겠다고 더치페이를 많이 하지요. 같은 표현으로 '各付各的(gè fù gè de; 꺼 푸 꺼 더)'라고도 합니다.

Jīntiān wǒ qǐng kè
今天我请客。
진티엔 워 칭 커

'请客'는 '한턱내다'는 의미입니다. '다음 번엔 내가 낼게.'는 '下次由我请客。(Xiàcì yóu wǒ qǐng kè; 씨아츠 요 워 칭 커)'라고 하면 됩니다.

yúxiāngròusī

鱼香肉丝

위씨앙러우쓰

돼지고기를 실처럼 가늘게 썰어 죽순, 목이버섯, 잘게 썬 파, 생강 등 야채와 고추, 식초, 소금, 간장, 설탕 등을 넣고 볶다가 전분과 육수로 걸쭉하게 마무리하는 요리이지요. '어향(鱼香)'은 맵고, 짜고, 달며, 약간의 신맛이 나는 소스를 말합니다.

jīngjiàngròusī

京酱肉丝

징지앙러우쓰

실처럼 가늘게 썬 돼지고기에 간장과 식초로 간을 하여 볶은 요리로 전병모양의 얇은 두부피에 가늘게 썬 대파와 함께 싸서 먹는답니다. 우리나라 사람 입맛에 아주 잘 맞는 산동지방 요리이지요.

도구 및 조미료

냅킨	餐巾纸 cānjīnzhǐ	찬진즈
숟가락	勺 sháo	샤오
젓가락	筷子 kuàizi	콰이쯔
포크	叉子 chāzi	차쯔
나이프	刀 dāo	따오
공기, 그릇	碗 wǎn	완
접시	盘子 pánzi	판쯔
대접	大碗 dàwǎn	따완
컵	杯子 bēizi	뻬이쯔
빨대	吸管 xīguǎn	씨관
간장	酱油 jiàngyóu	지앙여우
된장	黄酱 huángjiàng	황지앙
고추장	辣椒酱 làjiāojiàng	라지아오지앙
소금	盐 yán	옌
설탕	糖 táng	탕

식초	醋 cù	추
후추	胡椒 hújiāo	후지아오
겨자	芥末 jièmo	지에모
토마토케첩	番茄酱 fānqiéjiàng	판치에지앙
마요네즈	蛋黄酱 dànhuángjiàng	딴황지앙
기름	油 yóu	여우
참기름	芝麻油 zhīmayóu	즈마여우
	香油 xiāngyóu	씨앙여우
버터	奶油 nǎiyóu	나이여우
	黄油 huángyóu	황여우

요리법

부치다	煎 jiān	지엔
무치다	拌 bàn	빤
볶다	炒 chǎo	차오
강한 불로 빠르게 볶다	爆 bào	빠오
찌다	蒸 zhēng	쩡

굽다	烤 kǎo	카오
튀기다	炸 zhá	자
삶다	煮 zhǔ	주
약한 불로 삶다	炖 dùn	둔
양념장을 얹다	溜 liū	리우

시다	酸 suān	쏸
달다	甜 tián	티엔
쓰다	苦 kǔ	쿠
맵다	辣 là	라
떫다	涩 sè	써
짜다	咸 xián	씨엔
싱겁다	淡 dàn	딴
진하다	浓 nóng	농
향기 나다	香 xiāng	씨앙
비리다	腥 xīng	씽

| 맛있다 | 好吃
hǎochī | 하오츠 |
| 맛이 없다 | 不好吃
bù hǎochī | 부 하오츠 |

MEMO

6. 중국어 배워보기 ④
_ 여가 즐기기

요즘 웰빙 바람이 불면서 여가생활에 대한 관심이 높아졌습니다. 틈틈이 시간을 잘 활용하여 각종 문화생활을 즐기려는 사람들이 많아졌지요. 마음 맞는 친구들과 함께 운동을 한다든지, 가까운 산이나 공원으로 나들이 가보는 건 어떨까요? 친목도 다지고, 신체도 단련하고, 바쁜 일상에 지쳐있는 마음도 달래주니 일석삼조가 아닐까 합니다.

○ 따분한 오후, 친구에게 전화해서

지금 뭐하고 있어요?

○ 퇴근 후 집에서 뭐하냐고 물어보면

TV 봐요.

○ 한가한 주말에는 친구들과 즐겁게

영화 보는 걸 좋아해요.

Xiànzài nǐ zuò shénme

现在你做什么?

씨엔짜이 니 쭤 선머

‘做’ 대신 ‘干(gàn; 깐)’을 써도 같은 뜻입니다. ‘그냥 집에 있어요.’ 라고 할 때는 ‘呆在家里。(Dāi zài jiālǐ; 따이 짜이 지아리)’ 라고 합니다.

Wǒ kàn diànshì

我看电视。

워 칸 띠엔스

‘드라마 봐요.’ 는 ‘看连续剧。(Kàn liánxùjù; 칸 리엔쉬쥐)’, ‘뉴스 봐요.’ 는 ‘看新闻。(Kàn xīnwén; 칸 씬원)’ 이라고 합니다.

Wǒ xǐhuan kàn diànyǐng

我喜欢看电影。

워 씨환 칸 띠엔잉

‘운동을 좋아해요.’ 는 ‘我喜欢运动。(Wǒ xǐhuan yùndòng; 워 씨환 윈똥)’ 이 라고 하면 됩니다.

같이 콘서트 갈래요?

예약했어요?

매진됐어요.

Yìqǐ qù yǎnchànghuì, hǎo bù hǎo

一起去演唱会，好不好？

이치 취 옌창후이, 하오 부 하오

'演唱会'는 '음악회'라는 뜻. '好不好'는 '…하는 것이 어떻습니까?'라고
상대방의 의사를 묻는 정중한 표현입니다.

Yùdìng le ma

预订了吗？

위띵 러 마

'预订了没有?(Yùdìng le méiyǒu; 위띵 러 메이여우)'라고 해도 같은 뜻입니
다.

Yǐjīng màiguāng le

已经卖光了。

이징 마이꽝 러

'卖光'은 '매진되다'는 뜻. '光'은 동사 뒤에서 '다 …해서 조금도 남아 있
지 않다'는 의미로 쓰입니다. '다 먹어버렸다.'는 '吃光了。(Chīguāng le; 츠
꽝 러)'라고 하지요.

음악에 관심 있나요?

여행가고 싶어요.

가볼 만해요?

Nǐ duì yīnyuè gǎn xìngqù ma

你对音乐感兴趣吗?

니 뚜이 인웨 간 씽취 마

'对…感兴趣'는 '…에 관심이 있다'라는 뜻. '여행에 관심 있어요.'는 '我对旅游感兴趣。(Wǒ duì lǚyóu gǎn xìngqù; 워 뚜이 뤼여우 간 씽취)'라고 합니다.

Wǒ hěn xiǎng qù lǚyóu

我很想去旅游。

워 헌 씨앙 취 뤼여우

'想'은 동사 앞에 쓰여 '…하고 싶다'란 뜻을 나타냅니다. '등산 가고 싶어요.'는 '我很想去爬山。(Wǒ hěn xiǎng qù páshān; 워 헌 씨앙 취 파산)'이라고 합니다.

Hǎo wár ma

好玩儿吗?

하오 왈 마

'好'는 동사 앞에서 '…하기 좋다'라는 뜻을 나타냅니다. '玩'은 '놀다'라는 뜻. 즉, '好玩儿吗?'는 '놀기 좋습니까? 재미있습니까?'라는 뜻이지요.

농구해요.

당신은 축구광이군요.

한국팀이 우승했어요.

Dǎ lánqiú
打篮球。
다 란치우

'打'는 스포츠 종목 중 보통 구기류를 할 때 많이 쓰는 동사입니다. '테니스 치다'는 '打网球(dǎ wǎngqiú; 다 왕치우)', '탁구 치다'는 '打乒乓球(dǎ pīngpāngqiú; 다 핑팡치우)'라고 합니다.

Nǐ shì ge qiúmí
你是个球迷。
니 스 거 치우미

명사 뒤에 '迷'를 붙이면 '…광. …팬. 애호가'라는 뜻이 됩니다. '영화팬'은 '影迷(yǐngmí; 잉미)', '노래 애호가'는 '歌迷(gēmí; 꺼미)'라고 하지요.

Hánguóduì huòdé le guànjūn
韩国队获得了冠军。
한궈뚜이 훠더 러 꽌쥔

'冠军'은 '우승', '준우승'은 '亚军(yàjūn; 야쥔)', '무승부'는 '平局(píngjú; 핑쥐)'라고 합니다.

누군가 그림을 좋아하냐고 물어보면

가끔 미술관에 가요.

다이어트 비결이 뭐냐고 묻는다면

매일 저녁 산책해요.

울적한 마음을 달래고 싶을 때

우리 드라이브 가요.

Yǒude shíhou qù měishùguǎn

有的时候去美术馆。

여우더 스허우 취 메이슈관

'有的时候'는 '가끔. 어떤 때'를 나타냅니다. '가끔 동물원에 가요.'는 '有的时候去动物园。(Yǒude shíhou qù dòngwùyuán; 여우더 스허우 취 똥우위엔)' 이라고 합니다.

Wǒ měitiān wǎnshang sànsanbù

我每天晚上散散步。

워 메이티엔 완샹 싼싼부

'散步'는 '산책하다'는 뜻. '매일 아침 조깅해요.'는 '每天早上跑步。(Měitiān zǎoshang pǎobù; 메이티엔 자오샹 파오부)' 라고 합니다.

Wǒmen kāichē qù dōufēng ba

我们开车去兜风吧。

워먼 카이처 취 떠우펑 바

'开车'는 '운전하다', '兜风'은 '바람 쐬다'는 뜻.

취미가 뭐냐고 묻는다면

내 취미는 요리예요.

노래방에 갔을 때 제일 먼저 누르는 곡!

'첨밀밀'은 제 18번이에요.

퇴근 후 기분 좋은 운동으로

재즈 댄스 배우는 중이에요.

Wǒ de àihào jiùshì zuòcài
我的爱好就是做菜。
워 더 아이하오 지우스 쭤차이

'爱好'는 '취미', '做菜'는 '요리하다'는 뜻입니다.

《Tiánmìmì》 shì wǒ de náshǒugē
《甜蜜蜜》是我的拿手歌。
티엔미미 스 워 더 나셔우거

'拿手'는 '(어떤 기술이나 일에) 능숙하다. 뛰어나다'는 뜻입니다. '가장 자신 있는 요리'는 '拿手菜(náshǒucài; 나셔우차이)'라고 하지요.

Wǒ zhèngzài xuéxí juéshìwǔ
我正在学习爵士舞。
워 쩡짜이 쉐시 줴스우

'사교 댄스 배워요.'는 '我在学习交谊舞。(Wǒ zài xuéxí jiāoyìwǔ; 워 짜이 쉐시 지아오이우)'라고 합니다.

헐리우드 블록버스터	好莱坞大片 Hǎoláiwù dàpiàn	하오라이우 따피엔
박스오피스	票房 piàofáng	피아오팡
흥행대작	卖座片 màizuòpiàn	마이쭤피엔
칸느 영화제	戛纳影展 Jiánà yǐngzhǎn	지아나 잉잔
베를린 영화제	柏林影展 Bǎilín yǐngzhǎn	바이린 잉잔
베니스 영화제	威尼斯影展 Wēinísī yǐngzhǎn	웨이니쓰 잉잔
최우수 여우주연상	最佳女主角 zuìjiā nǚzhǔjué	쭈이지아 뉘주줴
최우수 남우주연상	最佳男主角 zuìjiā nánzhǔjué	쭈이지아 난주줴
아카데미상	奥斯卡金像奖 Āosīkǎjīnxiàngjiǎng	아오쓰카진씨앙지앙
감독	导演 dǎoyǎn	다오옌
주연	主角 zhǔjué	주줴
조연	配角 pèijué	페이줴
스텝진	制作人员 zhìzuòrényuán	즈쭤런위엔
촬영세트장	制片厂 zhìpiànchǎng	즈피엔창
줄거리	故事情节 gùshìqíngjié	꾸스칭지에
대사	对白 duìbái	뚜이바이

개봉하다	上演 shàngyǎn	상옌
극장	电影院 diànyǐngyuàn	띠엔잉위엔
입장권	门票 ménpiào	먼피아오
매진	售完 shòuwán	셔우완
암표	黑票 hēipiào	헤이피아오
미성년자 관람 불가	少儿不宜 shào'érbùyí	사오얼 부이
컴퓨터 특수효과	电脑特技 diànnǎo tèjì	띠엔나오 터지
더빙	配音 pèiyīn	페이인
자막	字幕 zìmù	쯔무
외화	进口片 jìnkǒupiàn	진커우피엔
방화	国产片 guóchǎnpiàn	궈찬피엔
신년특선	贺岁片 hèsuìpiàn	허쑤이피엔
심야영화	通宵电影 tōngxiāo diànyǐng	통씨아오 띠엔잉
SF	科幻片 kēhuànpiàn	커환피엔
액션영화	动作片 dòngzuòpiàn	똥쭤피엔
무술영화	武打片 wǔdǎpiàn	우다피엔

7. 중국어 배워보기 ⑤
_ 여행 즐기기

주 5일 근무가 확산되면서 주말에 여행을 떠나는 사람들이 부쩍 늘었다
고 하지요. 중국은 보통 연휴가 일주일 정도 이어지는 설날(春节
chūnjié ; 춘지에), 5월 1일 노동절(劳动节 láodòngjié ; 라오똥지에),
10월 1일 국경절(国庆节 guóqìngjié ; 궈칭지에)을 황금연휴라고 부릅
니다. 이 시기에는 전국 각지에서 몰려드는 관광객들로 기차표 구하기
는 물론이거니와 숙소 잡기도 굉장히 어렵답니다.

만원 버스에서 내리면서

잠시만요!

비행기 타면서 승무원에게

베이징까지
얼마나 걸리나요?

급해요! 급해!

화장실은 어디예요?

Qǐng ràng yíxià

请让一下。

칭 랑 이씨아

'让'은 '양보하다'라는 뜻. '让一下'는 사람들 틈을 비집고 지나가야 할 때 자주 쓰는 표현이지요.

Dào Běijīng yào duōcháng shíjiān

到北京要多长时间？

따오 베이징 야오 뚸창 스지엔

'인천공항까지 얼마나 걸리나요?'라고 묻고 싶다면 '到仁川机场要多长时间？(Dào Rénchuān jīchǎng yào duōcháng shíjiān; 따오 런촨 지창 야오 뚸창 스지엔)'이라고 하면 됩니다.

Cèsuǒ zài nǎr

厕所在哪儿？

처쑤어 짜이 날

'洗手间在哪儿？(Xǐshǒujiān zài nǎr; 씨셔우지엔 짜이 날)'이라고 해도 같은 뜻입니다.

길을 잃었어요.

말씀 좀 묻겠는데요.

이 근처에 은행 있나요?

Wǒ mílù le

我迷路了。

워 미루 러

물건을 잃어버렸을 때는 '丢(diū; 띠우)'라는 동사를 씁니다. '지갑을 잃어버렸어요.'는 '丢了钱包。(Diū le qiánbāo; 띠우 러 치엔빠오)'라고 합니다.

Qǐng wèn yíxià

请问一下。

칭 원 이씨아

비슷한 표현으로 '劳驾(láojià; 라오지아)'가 있습니다. 누군가에게 부탁을 청할 때 쓰는 겸손한 표현이지요.

Zhè fùjìn yǒuméiyǒu yínháng

这附近有没有银行?

쩌 푸진 여우메이여우 인항

'有没有'는 '긍정+부정'의 형식으로 의문문에 자주 쓰는 표현이지요. '有…吗'라고 해도 같은 표현입니다. '이 근처에 우체국 있나요?'는 '这附近有邮局吗?(Zhè fùjìn yǒu yóujú ma; 쩌 푸진 여우 여우쥐 마)'라고 하면 됩니다.

여기서 환전할 수 있나요?

어디에서 내리나요?

도착하면 알려 주세요.

Zài zhèr kěyǐ huànqián ma
在这儿可以换钱吗?
짜이 쩔 커이 환치엔 마

대답으로, 가능하면 '可以(kěyǐ; 커이)', 불가능하면 '不可以(bù kěyǐ; 부 커이)'라고 합니다.

Zài nǎr xià chē
在哪儿下车?
짜이 날 씨아 처

'어디에서 타나요?'는 '在哪儿上车?(Zài nǎr shàng chē; 짜이 날 샹 처)'라고 합니다.

Dào zhàn, qǐng gàosu wǒ hǎo ma
到站, 请告诉我好吗?
따오 짠, 칭 까오수 워 하오 마

'好吗?'는 문장 뒤에서 '…해 주시겠어요?'라는 뜻으로 쓰는 공손한 표현입니다.

마침 길 가던 행인에게

천안문에 가려면
어떻게 가야 하나요?

누군가 길을 물어 보면

왼쪽으로 돌면 바로예요.

친절히 잘 설명해 준 사람에게

알겠습니다.

Qù Tiān'ānmén zěnme zǒu

去天安门怎么走?

취 티엔안먼 쩐머 쩌우

'怎么走'는 길을 물어볼 때 자주 쓰는 매우 유용한 표현이지요. '走' 대신 '去'를 써도 됩니다.

Wǎngzuǒ guǎi jiùshì

往左拐就是。

왕 쭤 과이 지우스

'往左拐'는 '좌회전하다'는 뜻. '우회전하다'는 '往右拐(wǎng yòu guǎi; 왕 여우 과이)'라고 합니다.

Zhīdào le

知道了。

즈다오 러

'모르겠어요.'는 '不知道。(bù zhīdào; 부 즈다오)'라고 합니다.

상점에서 계산하면서

얼마예요?

깎아달라고 주인에게 말할 때

좀 싸게 주세요.

여행을 기념하며 찰칵!

사진 한 장
찍어주시겠어요?

Duōshao qián

多少钱?

뚸샤오 치엔

과일가게에서 과일을 살 때는 '이거 어떻게 팔아요?'란 의미로 '这个怎么卖?(Zhè ge zěnme mài; 쩌 거 쩐머 마이)'도 많이 씁니다.

Piányi   diǎr   ba

便宜点儿吧。

피엔이 디알 바

'便宜'는 '(값이) 싸다'는 뜻. '너무 비싸네요.'는 '太贵啊。(Tài guì a; 타이 꾸이 아)'라고 합니다.

Qǐng bāng wǒ zhào yì zhāng xiàng hǎo ma

请帮我照一张相好吗?

칭 빵 워 짜오 이 장 씨앙 하오 마

'照相'은 '사진을 찍다'는 뜻으로 '拍照(pāizhào; 파이짜오)'라고도 합니다. '张'은 '사진'을 세는 양사입니다. '사진'은 '照片(zhàopiàn; 짜오피엔)', '필름'은 '胶卷(jiāojuǎn; 지아오쥩)'이라고 합니다.

○ 짐 정리하고 나오면서 프런트에서

체크아웃이요!

○ 카드 결제를 원할 때는

신용카드 쓸 수 있나요?

○ 직원이 계산서를 내밀며

여기 서명해 주세요.

Wǒ yào tuìfáng

我要退房!

워 야오 투이팡

'체크인하다'는 '住房(zhùfáng; 쭈팡)'이라고 합니다. '住房'은 원래 '주택'이라는 뜻이나 호텔 등에서 체크인하다는 뜻으로도 쓰입니다.

Kěyǐ yòng xìnyòngkǎ ma

可以用信用卡吗?

커이 용 씬용카 마

'信用卡'는 '신용카드', '현금'은 '现金(xiànjīn; 씨엔진)', '수표'는 '支票(zhīpiào; 즈피아오)'라고 합니다.

Qǐng zài zhèr qiānzì

请在这儿签字。

칭 짜이 쩔 치엔쯔

'签字'는 '서명하다'는 뜻.

중국어 TIP

市 shì	스		
베이징	北京 Běijīng	톈진	天津 Tiānjīn
상하이	上海 Shànghǎi	충칭	重庆 Chóngqìng

自治区 zìzhìqū	쯔즈취	城市 chéngshì	청스
네이멍구	内蒙古 Nèiménggǔ	후허하오터	呼和浩特 Hūhéhàotè
닝씨아 후이주	宁夏回族 Níngxià huízú	인촨	银川 Yínchuān
광씨쫭주	广西壮族 Guǎngxīzhuàngzú	난닝	南宁 Nánníng
씬지앙웨이우얼주	新疆维吾尔族 Xīnjiāngwéiwú'ěrzú	우루무치	乌鲁木齐 Wūlǔmùqí
씨창	西藏 Xīcáng	라사	拉萨 Lāsā

省 shěng	성	城市 chéngshì	청스
헤이롱지앙	黑龙江 Hēilóngjiāng	하얼빈	哈尔滨 Hā'ěrbīn
지린	吉林 Jílín	창춘	长春 Chángchūn
리아오닝	辽宁 Liáoníng	션양	沈阳 Shěnyáng
허베이	河北 Héběi	스지아쫭	石家庄 Shíjiāzhuāng
산둥	山东 Shāndōng	지난	济南 Jǐnán

지앙수	江苏 Jiāngsū	난징	南京 Nánjīng
쩌지앙	浙江 Zhèjiāng	항저우	杭州 Hángzhōu
푸지엔	福建 Fújiàn	푸저우	福州 Fúzhōu
광둥	广东 Guǎngdōng	광저우	广州 Guǎngzhōu
산씨	山西 Shānxī	타이위엔	太原 Tàiyuán
허난	河南 Hénán	쩡저우	郑州 Zhèngzhōu
안후이	安徽 Ānhuī	허페이	合肥 Héféi
후베이	湖北 Húběi	우한	武汉 Wǔhàn
지앙씨	江西 Jiāngxī	난창	南昌 Nánchāng
후난	湖南 Húnán	창샤	长沙 Chángshā
산씨	陕西 Shǎnxī	씨안	西安 Xī'ān
쓰촨	四川 Sìchuān	청두	成都 Chéngdū
꾸이쩌우	贵州 Guìzhōu	꾸이양	贵阳 Guìyáng
윈난	云南 Yúnnán	쿤밍	昆明 Kūnmíng
깐수	甘肃 Gānsù	란저우	兰州 Lánzhōu
칭하이	青海 Qīnghǎi	씨닝	西宁 Xīníng
타이완	台湾 Táiwān	타이베이	台北 Táiběi
하이난	海南 Hǎinán	하이커우	海口 Hǎikǒu

파이팅! 파이팅! 파이팅!
Good luck!!

어깨가 처져 있는 친구에게 힘내라고 용기를 북돋우며 '加油!'를 외쳐 주세요. 많은 힘이 될 거예요.

요즘 계속되는 경기 불황과 침체로 인해 사기가 많이 떨어졌는데요. 이런 때일수록 스스로에게 '난 할 수 있어!', '다 잘될 거야!'라고 주문을 걸며 '파이팅!'을 외쳐보는 것이 어떨까요? 모두들 용기 잃지 말고 힘내세요. 加油!

○ 친구가 안색이 안 좋다며 어디 아프냐고 물을 때

잠을 잘 못 잤어요.

○ 밤새도록 일하고 나서

기운이 없어요.

○ 이런저런 고민이 많을 때

답답해요.

Shuì bù hǎo jiào

睡不好觉。

수이 부 하오 지아오

'睡觉'는 '잠자다'는 뜻. 잠이 오지 않아 이리저리 뒤척이는 것은 '翻来覆去(fānláifùqù; 판라이푸치)'라고 합니다.

Méiyǒu lìqi

没有力气。

메이여우   리치

같은 뜻으로 '기진맥진하다'는 '筋疲力尽(Jīnpílìjìn; 진피리진)'이라고 합니다.

Bù shūfu

不舒服。

부 수푸

'舒服'는 '편안하다'는 뜻. '不舒服'와 같은 의미로 '번민하다'는 '烦闷(fánmèn; 판먼)'이라고 합니다. '우울해요'는 '忧郁(yōuyù; 여우위)'라고 하지요.

해야 할 일이 쌓여 있을 때는

바빠요.

계속되는 야근에 피로가 누적되어 있을 때는

피곤해 죽겠어요.

매우 지치고 피곤할 때는

쉬고 싶어요.

Hěn máng

很忙。

헌 망

비슷한 표현으로 '눈코 뜰 새 없이 바빠요.'는 '忙得不可开交。(Máng de bùkěkāijiāo; 망 더 부커카이지아오)' 라고 합니다.

Lèisǐle

累死了。

레이쓰러

육체적으로 힘들고 지쳤을 때 쓰는 표현이지요. 마음이 괴로워 견디기 힘들 때는 '非常难过。(Fēicháng nánguò; 페이창 난궈)너무 괴로워요.' 라고 합니다.

Wǒ xiǎng xiūxi

我想休息。

워 씨앙 씨우시

'休息'는 '휴식을 취하다'는 뜻. '푹 쉬세요.'는 '好好儿休息吧。(Hǎohār xiūxi ba; 하오할 씨우시 바)' 라고 합니다.

감기 걸려서 열이 날 때

머리가 아파요.

컨디션이 좋지 않아 정신이 혼미할 때

어지러워요.

푹 쉬고 나서 가뿐해진 마음으로 한마디!

한결 좋아졌어요.

Tóu téng

头疼。

터우 텅

아픈 정도를 더 강조하고 싶을 때는 '厉害(lìhai; 리하이)'를 써서 '头疼得厉害(Tóu téng de lìhai; 터우 텅 더 리하이)'라고 합니다. '감기 걸렸어요.'는 '感冒了。(Gǎnmào le; 간마오 러)', '열이 나요.'는 '发烧。(Fāshāo; 파샤오)'라고 합니다.

Tóu yūn

头晕。

터우 윈

'컨디션이 좋지 않아.'라고 할 때는 '身体不舒服。(Shēntǐ bù shūfu; 션티 부 수푸)'라고 합니다. '어지러워 쓰러졌어요.'는 '晕倒了。(Yūndǎo le; 윈다오 러)'라고 하지요.

Hǎoduō le

好多了。

하오뚸 러

'건강에 유의해라.'는 '注意身体健康。(Zhùyì shēntǐ jiànkāng; 쭈이 션티 지엔캉)'이라고 합니다.

더욱 더 노력할 거예요.

할 수 있어요.

끝까지 밀고 나갈 거예요.

Gèngjiā nǔlì

更加努力。

껑지아 누리

'更加'는 '더욱 더', '努力'는 '노력하다'는 뜻. '최선을 다해야지요.'는
'尽力而为。(Jìn lì ér wéi; 진 리 얼 웨이)'라고 합니다.

Gàndeliǎo

干得了。

깐더리아오

반대로 '할 수 없어요.'는 '干不了。(Gànbuliǎo; 깐부리아오)'라고 합니다.

Chí zhī yǐ héng

持之以恒。

츠 즈 이 헝

한번쯤 좌절을 겪더라도 끝까지 자신의 의지를 견지해나가겠다는 굳은 다짐
을 나타내지요. 반대로 '중간에 그만뒀어요.'는 '半途而废。(Bàn tú ér fèi;
빤 투 얼 페이)'라고 합니다.

의기소침해 있는 친구를 북돋아주며

용기 내세요.

성공은 노력하는 자만의 것!

하늘은 스스로
돕는 자를 도와요.

간절히 기도하는 마음으로

모든 일이
다 잘되길 바래요.

Gǔqǐ yǒngqì

鼓起勇气。

구치 용치

'鼓起'는 '불러일으키다', '勇气'는 '용기'라는 뜻. 반대의 의미로 '의기소침해 있어요.'는 '无精打采。(wú jīng dǎ cǎi; 우 징 다 차이)'라고 합니다.

Huángtiān bú fù kǔxīnrén

皇天不负苦心人。

황티엔 부 푸 쿠씬런

'皇天'은 '하늘. 상제', '苦心人'은 '대단한 노력가'를 뜻합니다. 하려고만 들면 못해 낼 일이 없다고 합니다. '有志者, 事竟成。(Yǒu zhì zhě, shì jìng chéng; 요 즈 저, 스 징 청)'. 열심히 하다 보면 언젠가 꼭 이루어질 거예요.

Wàn shì rú yì

万事如意。

완 스 루 이

'万事'는 '모든 일', '如意'는 '뜻대로 되다'는 뜻. 비슷한 표현으로 '뜻하는 대로 이루길 바래요.'는 '心想事成。(Xīn xiǎng shì chéng; 씬 씨앙 스 청)'이라고 합니다.

알아두면 유용한 중국 속담을 소개합니다.
그 의미를 되새기며 기억해 보세요.

❋ **실패는 성공의 어머니다.**

Shībài shì chénggōng zhī mǔ

失败 是　成功　之 母。

스바이 스　청꽁　즈 무

❋ **시작이 반이다.**

Hǎo de kāishǐ jiùshì chénggōng de yíbàn

好的 开始 就是　成功的　一半。

하오 더 카이스 지우스　청꽁 더　이빤

❋ **천리 길도 한 걸음부터.**

Qiānlǐ zhī xíng, shǐyú zúxià

千里 之 行，始于 足下。

치엔리 즈 싱,　스위 주씨아

❋ **하늘이 무너져도 솟아날 구멍은 있다.**

Chē dào shān qián bì yǒu lù

车 到 山 前 必 有 路。

처　따오 산　치엔 비 여우 루

✳ 콩 심은 데 콩 나고, 팥 심은 데 팥 난다.

Zhòng guā dé guā, zhòng dòu dé dòu

种　　瓜 得 瓜,　种　豆 得 豆。

쫑　　꽈 더 꽈,　쫑　떠우 더 떠우

✳ 성실한 것이 빈말보다 값지고, 행동이 말보다 강하다.

Chéngshí bǐ kōnghuà kěguì, xíngdòng bǐ yǔyán yǒulì

诚实　　比 空话 可贵,　行动 比 语言 有力。

청스　　비 콩화 커꾸이,　씽똥 비 위옌 요리

기초 단어장

1. 숫자

1	一 yī 이
2	二 èr 얼
3	三 sān 싼
4	四 sì 쓰
5	五 wǔ 우
6	六 liù 리우
7	七 qī 치
8	八 bā 빠
9	九 jiǔ 지우
10	十 shí 스
백	百 bǎi 바이
천	千 qiān 치엔
만	万 wàn 완

억	亿 yì 이
조	兆 zhào 짜오

2. 시간

년

재작년	前年 qiánnián 치엔니엔
작년	去年 qùnián 취니엔
올해	今年 jīnnián 진니엔
내년	明年 míngnián 밍니엔
후년	后年 hòunián 허우니엔

계절

봄	春天 chūntiān 춘티엔
여름	夏天 xiàtiān 씨아티엔
가을	秋天 qiūtiān 치우티엔
겨울	冬天 dōngtiān 똥티엔

월

1월	一月 yī yuè 이 웨
2월	二月 èr yuè 얼 웨
3월	三月 sān yuè 싼 웨
4월	四月 sì yuè 쓰 웨
5월	五月 wǔ yuè 우 웨
6월	六月 liù yuè 리우 웨
7월	七月 qī yuè 치 웨
8월	八月 bā yuè 빠 웨
9월	九月 jiǔ yuè 지우 웨
10월	十月 shí yuè 스 웨
11월	十一月 shí yī yuè 스 이 웨
12월	十二月 shí èr yuè 스 얼 웨
지난 달	上个月 shàng ge yuè 샹 거 웨
이번 달	这个月 zhè ge yuè 쩌 거 웨
다음 달	下个月 xià ge yuè 씨아 거 웨

요일

지난 주	上星期 shàngxīngqī 샹씽치
이번 주	这星期 zhèxīngqī 쩌씽치
다음 주	下星期 xiàxīngqī 씨아씽치
월요일	星期一 xīngqīyī 씽치이
화요일	星期二 xīngqī'èr 씽치얼
수요일	星期三 xīngqīsān 씽치싼
목요일	星期四 xīngqīsì 씽치쓰
금요일	星期五 xīngqīwǔ 씽치우
토요일	星期六 xīngqīliù 씽치리우
일요일	星期日 xīngqīrì 씽치르
	星期天 xīngqītiān 씽치티엔

그제	前天 qiántiān 치엔티엔
어제	昨天 zuótiān 쭤티엔
오늘	今天 jīntiān 진티엔
내일	明天 míngtiān 밍티엔
모레	后天 hòutiān 허우티엔
휴일	休日 xiūrì 씨우르
주말	周末 zhōumò 쩌우모
오전	上午 shàngwǔ 샹우
오후	下午 xiàwǔ 씨아우
새벽	早晨 zǎochén 자오천
아침	早上 zǎoshang 자오샹
낮	白天 báitiān 바이티엔
밤	晚上 wǎnshang 완샹
정오	中午 zhōngwǔ 쫑우

자정	午夜 wǔyè 우예
1시	一点钟 yì diǎn zhōng 이 디엔 쫑
1분	一分钟 yì fēn zhōng 이 펀 쫑
1초	一秒钟 yì miǎo zhōng 이 미아오 쫑
15분	一刻钟 yí kè zhōng 이 커 쫑
30분	半个小时 bàn ge xiǎoshí 빤 거 씨아오스

3. 화폐

돈	钱 qián 치엔
동전	硬币 yìngbì 잉비
지폐	钞票 chāopiào 차오피아오
잔돈	零钱 língqián 링치엔
인민폐	人民币 rénmínbì 런민비
위안	元 yuán 위엔
	块 kuài 콰이
지아오	角 jiǎo 지아오

	毛 máo 마오	
펀	分 fēn 펀	

4. 신체

머리	头 tóu 터우
머리카락	头发 tóufa 터우파
얼굴	脸 liǎn 리엔
눈	眼睛 yǎnjing 옌징
코	鼻子 bízi 비쯔
입	嘴 zuǐ 쭈이
치아	牙 yá 야
귀	耳朵 ěrduo 얼둬
목	脖子 bózi 보쯔
가슴	胸 xiōng 씨옹
허리	腰 yāo 야오
배	肚子 dùzi 뚜쯔

등	背 bèi 뻬이
엉덩이	屁股 pìgǔ 피구
어깨	肩膀 jiānbǎng 지엔방
팔	胳膊 gēbo 거보
손	手 shǒu 셔우
다리	腿 tuǐ 투이
발	脚 jiǎo 지아오
	足 zú 주
피부	皮肤 pífū 피푸
혈액	血 xiě 씨에
뼈	骨 gǔ 구
뇌	脑 nǎo 나오
심장	心脏 xīnzàng 씬짱
간	肝 gān 깐
폐	肺 fèi 페이

신장	肾脏 shènzàng 션짱
대장	大肠 dàcháng 따창
소장	小肠 xiǎocháng 씨아오창
위	胃 wèi 웨이

5. 가족

할아버지	爷爷 yéye 예예
할머니	奶奶 nǎinai 나이나이
아버지 / 아빠	父亲 fùqīn 푸친 爸爸 bàba 빠바
어머니 / 엄마	母亲 mǔqīn 무친 妈妈 māma 마마
남편	丈夫 zhàngfu 짱푸 老公 lǎogōng 라오꽁
아내	妻子 qīzi 치쯔 太太 tàitai 타이타이 老婆 lǎopo 라오포
아이	孩子 háizi 하이쯔

아들	儿子 érzi 얼쯔
딸	女儿 nǚ'ér 뉘얼
며느리	儿媳妇 érxífu 얼씨푸
사위	女婿 nǚxu 뉘쉬
형제	兄弟 xiōngdì 씨옹띠
자매	姐妹 jiiěmèi 지에메이
누나, 언니	姐姐 jiějie 지에지에
여동생	妹妹 mèimei 메이메이
형, 오빠	哥哥 gēge 꺼거
남동생	弟弟 dìdi 띠디

6. 옷

상의	上衣 shàngyī 상이
와이셔츠	衬衫 chènshān 천샨
스웨터	毛衣 máoyī 마오이
외투	大衣 dàyī 따이

양복	西服 xīfú 씨푸	샌들	凉鞋 liángxié 량씨에
한복	韩服 hánfú 한푸	부츠	靴子 xuēzi 쉐쯔
치파오	旗袍 qípáo 치파오	구두	皮鞋 píxié 피씨에
잠옷	睡衣 shuìyī 수이이	책가방	书包 shūbāo 슈빠오
비옷	雨衣 yǔyī 위이	핸드백	手提包 shǒutíbāo 셔우티빠오
수영복	游泳衣 yóuyǒngyī 여우용이	동전지갑	零钱包 língqiánbāo 링치엔빠오
하의	下衣 xiàyī 씨아이	가죽지갑	皮夹子 píjiāzi 피지아쯔
바지	裤子 kùzi 쿠쯔		
청바지	牛仔裤 niúzǎikù 니우짜이쿠		

7. 음식

과일

치마	裙子 qúnzi 췬쯔	사과	苹果 píngguǒ 핑궈
미니스커트	迷你裙 mínǐqún 미니췬	딸기	草莓 cǎoméi 차오메이
원피스	连衣裙 liányīqún 리엔이췬	수박	西瓜 xīguā 씨과
양말	袜子 wàzi 와쯔	복숭아	桃子 táozi 타오쯔
운동화	运动鞋 yùndòngxié 윈똥씨에	참외	甜瓜 tiánguā 티엔과
슬리퍼	拖鞋 tuōxié 퉈씨에	배	梨 lí 리

바나나	香蕉 xiāngjiāo 씨앙지아오	고추	辣椒 làjiāo 라지아오
오렌지	橙 chéng 청	당근	胡萝卜 húluóbo 후뤄보
포도	葡萄 pútáo 푸타오	호박	南瓜 nánguā 난과
감	柿子 shìzi 스쯔	가지	茄子 qiézi 치에쯔
귤	橘子 júzi 쥐쯔	오이	黄瓜 huángguā 황과
파인애플	菠萝 bōluó 보뤄	감자	土豆 tǔdòu 투떠우
여지	荔枝 lìzhī 리즈	고구마	白薯 báishǔ 바이슈 / 红薯 hóngshǔ 홍슈

채소

배추	大白菜 dàbáicài 따바이차이	버섯	蘑菇 mógu 모구
무	萝卜 luóbo 뤄보	시금치	菠菜 bōcài 보차이
양파	洋葱 yángcōng 양총	콩나물	豆芽 dòuyá 떠우야
파	葱 cōng 총	토마토	西红柿 xīhóngshì 씨홍스 / 番茄 fānqié 판치에
마늘	蒜 suàn 쏸 / 大蒜 dàsuàn 따쏸		
생강	生姜 shēngjiāng 성지앙		

육류

소고기	牛肉 niúròu 니우러우

돼지고기	猪肉 zhūròu 쭈러우		맥주	啤酒 píjiǔ 피지우
닭고기	鸡肉 jīròu 지러우		소주	烧酒 shāojiǔ 샤오지우
양고기	羊肉 yángròu 양러우		와인	葡萄酒 pútáojiǔ 푸타오지우
달걀	鸡蛋 jīdàn 지단			
생선	鱼 yú 위			

8. 방향

음료

물	水 shuǐ 수이		동	东 dōng 똥
녹차	绿茶 lǜchá 뤼차		남	南 nán 난
홍차	红茶 hóngchá 훙차		서	西 xī 씨
자스민차	茉莉花茶 mòlìhuāchá 모리화차		북	北 běi 베이
국화차	菊花茶 júhuāchá 쥐화차		앞	前 qián 치엔
커피	咖啡 kāfēi 카페이		뒤	后 hòu 허우
우유	牛奶 niúnǎi 니우나이		왼쪽	左 zuǒ 쭤
사이다	汽水 qìshuǐ 치수이		오른쪽	右 yòu 여우
코카콜라	可口可乐 kěkǒukělè 커커우커러		안	里 lǐ 리
			밖	外 wài 와이
			옆	旁 páng 팡

| 부근 | 附近
fùjìn
푸진 | 학교 | 酒店
jiǔdiàn
지우디엔 |

9. 장소

은행	银行 yínháng 인항	학교	学校 xuéxiào 쉐씨아오
우체국	邮局 yóujú 여우쥐	숙소	宿舍 sùshè 쑤셔
병원	医院 yīyuàn 이위엔	유치원	幼儿园 yòu'éryuán 여우얼위엔
약국	药房 yàofáng 야오팡	서점	书店 shūdiàn 슈디엔
	药店 yàodiàn 야오디엔	극장	电影院 diànyǐngyuàn 디엔잉위엔
백화점	百货商场 bǎihuò shāngchǎng 바이훠 상창	세탁소	洗衣店 xǐyīdiàn 씨이디엔
시장	商场 shāngchǎng 샹창	주차장	停车场 tíngchēchǎng 팅처창
슈퍼마켓	超市 chāoshì 차오스	주유소	加油站 jiāyóuzhàn 지아여우짠
제과점	面包店 miànbāodiàn 미엔빠오디엔	경찰서	公安局 gōng'ānjú 꽁안쥐
커피숍	咖啡厅 kāfēitīng 카페이팅	대사관	大使馆 dàshǐguǎn 따스관
레스토랑	饭馆 fànguǎn 판관	기차역	火车站 huǒchēzhàn 훠처짠
	餐厅 cāntīng 찬팅	공원	公园 gōngyuán 꽁위엔
호텔	饭店 fàndiàn 판디엔	박물관	博物馆 bówùguǎn 보우관
		미술관	美术馆 měishùguǎn 메이슈관

동물원	动物园 dòngwùyuán 똥우위엔

10. 일상 용품

칫솔	牙刷 yáshuā 야솨
치약	牙膏 yágāo 야까오
수건	手巾 shǒujīn 셔우진
비누	肥皂 féizào 페이짜오
샴푸	洗发精 xǐfàjīng 씨파징
빗	梳子 shūzi 슈쯔
손톱깎이	指甲钳 zhǐjiaqián 즈지아치엔

11. 가전

냉장고	电冰箱 diànbīngxiāng 띠엔빙씨앙
텔레비전	电视 diànshì 띠엔스
비디오	录象机 lùxiàngjī 루씨앙지
라디오	收音机 shōuyīnjī 셔우인지
녹음기	录音机 lùyīnjī 루인지

에어콘	空调 kōngtiáo 콩티아오
카메라	照相机 zhàoxiàngjī 짜오씨앙지
헤어 드라이어	吹风机 chuīfēngjī 추이펑지

12. 교통

자전거	自行车 zìxíngchē 쯔씽처
오토바이	摩托车 mótuōchē 모퉈처
택시	出租汽车 chūzūqìchē 추쭈치처
버스	公共汽车 gōnggòngqìchē 꽁꽁치처
소형 버스	面包车 miànbāochē 미엔빠오처
지하철	地铁 dìtiě 띠티에
기차	火车 huǒchē 훠처
배	船 chuán 촨
비행기	飞机 fēijī 페이지
거리	大街 dàjiē 따지에
도로	马路 mǎlù 마루

대로	公路 gōnglù 꽁루
	大路 dàlù 따루
골목	胡同 hútóng 후퉁
네거리	十字路口 shízìlùkǒu 스쯔루커우
신호등	红绿灯 hónglǜdēng 홍뤼떵
건널목	平交道 píngjiāodào 핑지아오따오
횡단보도	人行橫道 rénxínghéngdào 런씽헝따오
	斑马线 bānmǎxiàn 빤마씨엔
고속도로	高速公路 gāosùgōnglù 까오쑤꽁루
이정표	路标 lùbiāo 루비아오
러시아워	顶峰时间 dǐngfēngshíjiān 딩펑스지엔
첫차	头班车 tóubānchē 터우빤처
막차	末班车 mòbānchē 모빤처
승차하다	上车 shàngchē 상처
하차하다	下车 xiàchē 씨아처
갈아타다	换车 huànchē 환처
차비	车费 chēfèi 처페이

13. 날씨

일기 예보	天气预报 tiānqì yùbào 티엔치 위빠오
맑다	晴 qíng 칭
바람이 불다	刮风 guāfēng 꽈펑
비가 오다	下雨 xiàyǔ 씨아위
천둥이 치다	打雷 dǎléi 다레이
번개가 치다	打闪 dǎshǎn 다샨
눈이 내리다	下雪 xiàxuě 씨아쉐
따뜻하다	暖和 nuǎnhuo 놘훠
덥다	热 rè 러
시원하다	凉快 liángkuài 량콰이
춥다	冷 lěng 렁
얼다	冰 bīng 삥

| 건조하다 | 干燥
gānzào
깐짜오 |
| 습하다 | 潮湿
cháoshī
차오스 |

14. 직업

회사원	上班族 shàngbānzú 샹빤주
세일즈맨	推销员 tuīxiāoyuán 투이씨아오위엔
사장	经理 jīnglǐ 징리
비서	秘书 mìshū 미슈
은행원	出纳员 chūnàyuán 추나위엔
선생님	老师 lǎoshī 라오스
교수	教授 jiàoshòu 지아오셔우
학생	学生 xuésheng 쉐셩
변호사	律师 lǜshī 뤼스
의사	医生 yīshēng 이셩
의사	大夫 dàifu 따이푸
간호사	护士 hùshì 후스

약사	药剂师 yàojìshī 야오지스
회계사	会计师 kuàijìshī 콰이지스
건축기사	建筑师 jiànzhùshī 지엔쭈스
정치가	政治家 zhèngzhìjiā 쩡즈지아
작가	作家 zuòjiā 쮀지아
편집인	编辑 biānjí 비엔지
통역원	传译员 chuányìyuán 촨이위엔
가이드	导游 dǎoyóu 다오여우
화가	画家 huàjiā 화지아
디자이너	服装师 fúzhuāngshī 푸쫭 스
음악가	音乐家 yīnyuèjiā 인웨지아
피아니스트	钢琴家 gāngqínjiā 깡친지아
연예인	艺人 yìrén 이런
가수	歌手 gēshǒu 꺼셔우
배우	演员 yǎnyuán 옌위엔

운동선수	运动员 yùndòngyuán 윈똥위엔		초록색	绿色 lǜsè 뤼써
경찰관	警察 jǐngchá 징차		보라색	紫色 zǐsè 쯔써
공안	公安 gōng'ān 꽁안		분홍색	粉红色 fěnhóngsè 펀훙써
농부	农夫 nóngfū 농푸		하늘색	天蓝色 tiānlánsè 티엔란써
군인	解放军 jiěfàngjūn 지에팡쥔		주황색	橙色 chéngsè 청써
미용사	美容师 měiróngshī 메이룽스			
요리사	厨师 chúshī 추스			
종업원	服务员 fúwùyuán 푸우위엔			
스튜어디스	空中小姐 kōngzhōngxiǎojiě 콩쫑씨아오지에			

15. 색깔

흰색	白色 báisè 바이써
검은색	黑色 hēisè 헤이써
빨간색	红色 hóngsè 홍써
파란색	青色 qīngsè 칭써
노란색	黄色 huángsè 황써